10代からの

SDGs

いま、
わたしたちに
できること

東京大学
総合文化研究科特任准教授

金沢大学
人間社会研究域法学系教授

井筒節・堤敦朗 監修
原佐知子 著

大月書店

はじめに

　ニュースなどで、持続可能な開発目標（SDGs）ということばを聞く機会が多くなってきました。しかし、自分とはあまり関係のない話だと思っている人もいるでしょう。たしかにいまの日本で、貧困や水不足と言われてもピンと来ないかもしれません。しかしSDGsは、じつは若い世代に深く関係しています。SDGsは、現在だけでなく未来の世界を考えるためのものだからです。

　SDGsは、年齢やジェンダー、障害、民族などの違いを生かし、多様性を大切にすること、そして「誰ひとり取り残さない」ことを土台としています。

　そのようなSDGsを達成するために、現在、さまざまな人が考え、そして行動に移しています。そして若い人たちの中にも、さまざまな取り組みが広がりつつあります。いま、世界にはどんな課題があり、どうすればよいのかということを知り、さらに自分にいまできることをひとりひとりが考えて行動すれば、それは大きな力になります。この本は、その手がかりになることを意図して作られました。

　みなさんの身近なことから始められることも、きっとあるはずです。これまでの成功例や教訓をもとに、みなさんならではの新しいアイデアを生み出し、仲間を見つけて協力すれば世界は変わる。本書が、そのきっかけになればうれしいです。

10代からの SDGs もくじ

いま、わたしたちにできること

持続可能な未来のための
さまざまな取り組み

SDGsで実現する
わたしたちの未来

1章

「サステイナブルな社会」
を作る SDGs の理念

SDGsを日本語に訳すと、「持続可能な開発目標」となる。なにを「持続可能」にするの？ その答えは「わたしたちの地球とひとりひとりの生活」だ。わたしたちの未来をより良いものにするために、地球規模、そして身近な暮らしで達成すべき目標、と言い換えてもいいだろう。この章では、そんなSDGsの根本的な考え方と具体的なアクションを紹介する。

ひとりひとりに
関係のあるSDGs

2015年9月、国連総会[※1]で世界中の全加盟国の賛成のもと採択されたSDGs。現在と未来の地球のため、そして人類の幸福のために達成すべきゴール（目標）だ。世界中の国連加盟国[※2]ではこのゴールを達成するために、さまざまな取り組みがなされている。学校の授業でも取り上げられ、入試にも出てくることが多いので、聞いたことのある人も多いだろう。

SDGsとはなにか？

では、いったいSDGsとは具体

17のゴール

**日本の外務省による仮訳をもとに、
17のゴールとそれぞれのアイコンを示す。**

※17のゴールの文言にある「包摂」とは、社会のさまざまな場面においてすべての人が差別や疎外されることがなく、ともに行動・参加できることを意味する。英語では inclusion（インクルージョン）。
2030アジェンダおよびSDGsでは、「誰ひとり取り残されることのない平和で公平、そして包摂的な世界」を作っていくことの重要性が強調されている。

貧困をなくそう
あらゆる場所のあらゆる形態の貧困を終わらせる

飢餓をゼロに
飢餓を終わらせ、食料安全保障及び栄養改善を実現し、持続可能な農業を促進する

的にはなんだろうか。

SDGsは、"Sustainable Development Goals" を略したもので、日本語では「持続可能な開発目標」と訳す。最後に複数形の"s"がついているのは、ゴールが17個あるからだ。

17のうちひとつだけ達成すればよいということではない。17のゴールはそれぞれ関連しているので、17個セットになっているのが重要だ。

17のゴールについては、6〜9ページの下にそのすべてを紹介しているので、ひとつひとつ確認してほしい。これらは、わたしたちひとりひとりが、そして国を超えて2030年までに達成を目指す世界共通の最優先目標だ。

これらをざっと見てみると、読者であるあなたの未来、そしてその次の世代、さらにその先の人類が安心して生きられる社会を作っていくために必要なことが書かれていることに気づくだろう。

すべての人に健康と福祉を
あらゆる年齢のすべての人々の健康的な生活を確保し、福祉を促進する

質の高い教育をみんなに
すべての人への、包摂的かつ公正な質の高い教育を提供し、生涯学習の機会を促進する

ジェンダー平等を実現しよう
ジェンダー平等を達成し、すべての女性及び女児の能力強化を行う

安全な水とトイレを世界中に
すべての人々の水と衛生の利用可能性と持続可能な管理を確保する

エネルギーをみんなに そしてクリーンに
すべての人々の、安価かつ信頼できる持続可能な近代的エネルギーへのアクセスを確保する

ひとりひとりの生活が未来に関わる

　SDGsは世界全体に関わる大きなことなので、もしかしたら自分にはあまり関係ないように感じるかもしれない。しかし、これらは、ひとりひとりの行動や生活、未来と深く関わるものだ。

　目的の実現のためには、具体的な目標を決めてみんなで共有し、新たな生活スタイルを構築していくことが大切だ。17のゴールには、「地球のみんながこういうふうに行動し、未来をこう変えていこう」という具体的な内容が書かれている。

2030アジェンダを実行するための17の目標と169のターゲット

　この目標が示されたのは、2015年9月25日に第70回国連総会で採択された「我々の世界を変革する：持続可能な開発のための2030アジェンダ[※3]」という国連決議だ。130〜131ページに、その前文を

働きがいも経済成長も
包摂的かつ持続可能な経済成長及びすべての人々の完全かつ生産的な雇用と働きがいのある人間らしい雇用（ディーセント・ワーク）を促進する

産業と技術革新の基盤をつくろう
強靱（レジリエント）なインフラ構築、包摂的かつ持続可能な産業化の促進及びイノベーションの推進を図る

人や国の不平等をなくそう
国内及び各国間の不平等を是正する

住み続けられるまちづくりを
包摂的で安全かつ強靱（レジリエント）で持続可能な都市及び人間居住を実現する

つくる責任 つかう責任
持続可能な生産消費形態を確保する

掲げているので、確認してほしい。これは、世界の193の国連加盟国の大統領や首相らが集まって、歴史、文化、宗教、それぞれの利害を超えて合意した、2030年までの人類の行動計画だ。

そしてSDGsは、その実施のための具体的な優先分野と目標を示し、進捗（しんちょく）を各国が共通の尺度で確認できるようにするためのツールだ。

SDGsには、17の目標のもと、169のターゲットがある。17の目標にそれぞれついている細目（さいもく）（細かい点について定めた項目）のようなものだ。このターゲットを読み解くと、より具体的な行動が示されていることがわかるだろう。本書の巻末では、すべてのターゲットを掲示している。ぜひゴールとともに確認してほしい。

SDGsは なぜ作られたのか

では、SDGsがなぜ必要なのかを考えてみよう。

気候変動に具体的な対策を
気候変動及びその影響を軽減するための緊急対策を講じる

海の豊かさを守ろう
持続可能な開発のために海洋・海洋資源を保全し、持続可能な形で利用する

陸の豊かさも守ろう
陸域生態系の保護、回復、持続可能な利用の推進、持続可能な森林の経営、砂漠化への対処、ならびに土地の劣化の阻止・回復及び生物多様性の損失を阻止する

平和と公正をすべての人に
持続可能な開発のための平和で包摂的な社会を促進し、すべての人々に司法へのアクセスを提供し、あらゆるレベルにおいて効果的で説明責任のある包摂的な制度を構築する

パートナーシップで目標を達成しよう
持続可能な開発のための実施手段を強化し、グローバル・パートナーシップを活性化する

世界各国が共有する目標があると、各国の状況の比較や、地域や地球全体の状況の確認も、共有の指標を用いて行なえるようになる。また、重複や空白をなくすためにも共通目標は役立つ。これらを通して、限られた資金やマンパワーを地球上のみんなで共通の目標のために集約させる——これがSDGsの目的だ。

つまり、それぞれの国、ひとりひとりが思い思いに行動することで、他国や他分野への影響を無視してしまったり、お金や力が分散してしまったりして、どれも達成できないことを防ぐためのくふうなのだ。

■人間が生きてきたことから生じたさまざまな課題

たとえば、産業革命[※4]以降、人類の消費するエネルギー量が急激に増えてきた。それにより、二酸化炭素排出量も増え、空気中の温室効果ガス[※5]濃度が上がり、いま、気候変動が起こっている。

169あるターゲットの具体例

ターゲット1.1

2030年までに、1日1.25ドル未満で生活する人々と定義されている極度の貧困をあらゆる場所で終わらせる。

ターゲット7.2

2030年までに、世界のエネルギーミックスにおける再生可能エネルギーの割合を大幅に拡大させる。

ターゲット6.2

2030年までに、すべての人々の、適切かつ平等な下水施設・衛生施設へのアクセスを達成し、野外での排泄をなくす。女性及び女子、ならびに脆弱な立場にある人々のニーズに特に注意を払う。

ターゲット14.1

2025年までに、海洋堆積物や富栄養化を含む、特に陸上活動による汚染など、あらゆる種類の海洋汚染を防止し、大幅に削減する。

2006年以降の地中海東部の記録的な干ばつは、2011年から始まるシリア内戦にもつながり、この内戦では多数の難民が生まれた。干ばつの原因は、気候変動の影響を受けたものと考えられている。

人間の活動の影響を受けた気候変動や環境破壊による異常気象が原因となり、食料や水不足、そして政治的な問題が起こり、ときには紛争が起こる。すると、教育が受けられなくなったり人々の命や健康がおびやかされることにもつながる。このように、世界の問題はつながっているのだ。

これを打破するためには、先に触れた2030アジェンダの冒頭にあるような、「transforming our world（世界の変革）」が必要になる。すなわち、これまで通りの生活をこのまま行なって、地球がもたなくなり、地球も人類も存在できなくなってしまわないように、「持続可能性」を守りながら生活する

これまでの活動から生じた課題の例

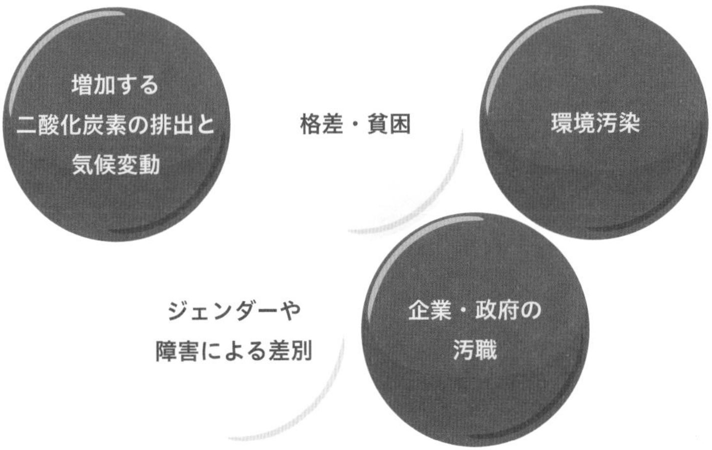

増加する
二酸化炭素の排出と
気候変動

格差・貧困

環境汚染

ジェンダーや
障害による差別

企業・政府の
汚職

ように変えようということだ。

■キーワードは「持続可能」と「多様性」

持続可能性（サステイナビリティ）を維持するためには、「より良い社会」とはなにかについて、世代を超えて話し合い、新しい価値観やサービス、社会を作らなければならない。そのとき、**未来を担う子どもや若者の意見は重要**だ。

持続可能な開発は、ひとつの立場からだけ物事を見ていては実現できない。目に見えないものも含めたさまざまな分野の連関性と、人種や世代、文化的・経済的な背景が異なる人たちの多様な視点から考えていくことがカギとなる。このように、**多様性を大切にする社会の実現こそが、「誰ひとり取り残さない」という究極の目標**と言えるだろう。

■SDGsは若者がこれからを生きる生存要件

小学校で「総合的な学習の時間」

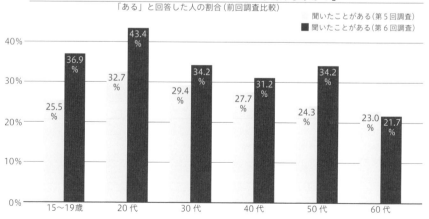

朝日新聞が行なった「SDGs認知度調査・第6回」（2020年3月発表）

Q「あなたはSDGsという言葉を聞いたことがありますか？」
「ある」と回答した人の割合（前回調査比較）

聞いたことがある（第5回調査）
聞いたことがある（第6回調査）

	15〜19歳	20代	30代	40代	50代	60代
第5回調査	25.5%	32.7%	29.4%	27.7%	24.3%	23.0%
第6回調査	36.9%	43.4%	34.2%	31.2%	34.2%	21.7%

が導入され、国際・平和・環境などのテーマで学習が始まったのは、2002年のこと。そして2015年にはSDGsが採択されて、学校の授業に採り入れられるようになった。

そのような背景もあってか、SDGsの認知度に関するアンケート結果によると、10〜20代の認知度が35％を超えていることがわかる。2020年時点で39歳以下の世代（Z世代やミレニアル世代と言われる）は、もともと環境や社会問題への関心が高いのかもしれない。

この世代は、2030年には20〜30代、そして2050年には40〜50代になる。現在77億人の地球人口は、2050年には約100億人になっていると予想される。これは食糧問題、環境、経済、住環境など人類にとって大きな変化であり、それにいまから準備しておくかどうかは、いまを生きる若者にとっても未来に関わる重大なことだとわかるだろう。

注釈

※1 国連総会
　すべての国際連合（国連）加盟国が参加して話し合う場で、国連の主要機関のひとつ。議題別に6つの委員会で構成されている。

※2 国連加盟国
　2021年2月現在の国連加盟国数は193。

※3 持続可能な開発のための2030アジェンダ
　2015年9月25日にニューヨークの国連本部において開催された国連サミットで採択された国際社会共通の目標。アジェンダとは、「課題」といった意味。SDGsはこの一部。

※4 産業革命
　18世紀なかばから19世紀にかけて、ヨーロッパでおこった産業構造の変革と、その結果ひきおこされた社会構造の変革。蒸気機関の開発により、工場制機械工業が成立し、また蒸気船や鉄道が発明されたことで、交通革命もおこった。

※5 温室効果ガス
　大気圏にあり、地球の表面付近の大気を暖める効果（温室効果）をもたらす気体のこと。人間活動によって増加した温室効果ガスには、二酸化炭素、メタン、フロンガスなどがある。

「ひとりひとりができること」
〜大学生が考えた、マゼンタ・スターのひみつ〜

SDGsが掲げる「誰ひとり取り残さない」社会の実現には、「地球や人に
やさしい世界」を作ることが重要だ。
ここでは、大学生が考えた活動を例に、そのきっかけやどうやって思い
を形にし、世に出したのかを追ってみよう。

飯山智史さん
東京大学「エンパワー・プロジェクト」共同代表。
神奈川県小田原市出身。

プロジェクトが生まれた経緯

「誰ひとり取り残さない」社会の実現に向け、誰もが気軽に協力し合える社会を目指すため、「エンパワー・プロジェクト」を立ち上げたのが、飯山智史さんをはじめとする東京大学の学生たちだ。まず、飯山さんにそのきっかけや経緯、目的などを聞いてみた。

飯山さんは、大学2年生のときに「国連とインクルージョン」という講義を受け、そこでとくにフォーカスを合わせていた、精神障害のある人のアクセシビリティ（利用しやすさ）について考えた。精神障害は、当事者以外の人が見てもわかりづらいことも多く、どういったことが必要とされているかもわかりにくいというところがある。

さらに、社会には差別や偏見があり、インフラ（インフラストラクチャー／「社会基盤」とも呼ばれ、人々の福祉の向上と経済の発展に必要な公共施設のこと）だけでは解決できないことが多い。そんな中で、**精神障害のある人の生活上の障壁を下げるにはどういうことが必要か**をみんなで考えたという。

そんなときに飯山さんが出会ったのが、障害の「社会モデル」という考え方。以前は、長期にわたる疾患（病気）があることが障害という考え方が一般的だった。ところが**2006年に国連で障害者権利条約が採択され、障害の考え方が「社会モデル」に変わった。**

社会モデルの考え方とは、たとえば、車いすを使用している人は、街中にスロープやエレベーターができれば、行きたいところに行け、やりたいことができる。すると、そこには障害がなくなるという考え方だ。つまり障害（障壁）は社会が生み出すものであり、社会から障壁をなくそうということだ。
「精神障害のある人のニーズはそれぞれ違い、車いすユーザーが使いやすいようにスロープを設けたり、手話通訳や字幕が聴覚障害のある

人に役立ったりするのとは異なり、イメージしづらいところがあると思います。そこをどうしたらいいのかを、『国連とインクルージョン』の講義の後1年間かけて、講義を開講

マゼンタ・スターのマークをあしらった胸バッジ。

された井筒節先生や仲間と議論していたんです。そして、あらゆるニーズに応えられる社会を作るためには、モノを使いやすくするといったことに加え、**『周りの人がやさしくなるのが結局、一番だ』と思うに至りました**。困ったときに協力してくれる人が容易に見つけられれば少しでも安心ではないかと考えたんです」（飯山さん）

　飯山さんに取材をした筆者自身、生まれつきの股関節障害で杖をついて歩いている。そのため世の中の障壁についてのありさまが痛いほどよくわかる。足を痛めた経験

のある人は、健康なときにはわからなかった障壁を、歩けなくなることで痛感した人も多いようだ。たとえば、街には思いのほか段差が多い。エレベーターがないため長い階段を重い荷物を持って上らなくてはいけないこともたくさんある。いすの少ない交通機関や公共施設でも、困難を感じることがある。

　そして、人の心もまた、バリアフリーにはなっていないことにも気づく。車内の遠くからでもわざわざ「座ってください」と声をかけてくれる人も多い。反面、歩く速度が

遅いと罵声を浴びせたり、中には突き飛ばす人さえいる。その違いは、心の内側の問題によるところが大きいのだ。

では、ひとりひとりが困っている人に協力したり、**人にやさしくしやすくするためにはどうすればいいか。**そこで飯山さんたちが考えついたのが、「協力者カミングアウト」を推進する「エンパワー・プロジェクト」だったのだ。

マゼンタ・スターに込められた思い

エンパワー・プロジェクトとは、**「マゼンタ・スター」のマークを身につけることで、困っている人に協力したい気持ちがあることを示すもの。**支援が欲しい人が協力してくれる人を見つけやすく、気軽にお願いすることができる。

いままでも、マタニティマークや、ヘルプマークなど当事者が着用して協力を促す活動はあった。それらも有用である一方、当事者の中には、自分の状況を表明したくないという人も多い。飯山さんたちの「協力する側がマークをつける」というアイデアは、そういった従来の当事者がつけるマークとは逆の発想で、それらと補完し合うものだ。この発想が新しく、日本だけでなく世界でも注目を浴びている。

飯山さんに、このマークに込めた思いを聞いた。

「困っている人に協力したいという思いは、多くの人がもっていると

エンパワー・プロジェクトで販売しているグッズには、バッジ、シールなど多彩なラインナップがある。

思います。でも、いざ行動に移す勇気がないとか、恥ずかしいと思っている人たちも多い。その気持ちをあらわしやすくできないか、と思ったんです。さらに、若者や福祉にあまり興味がない人にもつけてもらいやすいように、ファッションの一部として持っていても違和感のない、むしろつけたいと思うようなマークにしたいと考えました。色はSDGsの10番目のゴール『人や国の不平等をなくそう』の色（8ページ参照）からとりました。『エンパワー』という言葉も、ゴール10のターゲット2にある『能力強化』（エンパワー／empower）からとったものです」

マークを使ったグッズにはバッジやステッカーなどいろいろな種類がある。また、商店街などでこの

2018年11月に金沢で開催されたイベントでは、マゼンタ・スターがカフェやビストロ、お花屋さんとコラボレーションし、「マゼンタ・ピンク」をテーマにした商品が販売された。

ステッカーを貼っているお店は地域の駆け込み寺として困った人が安心できる場所になる。このマークはいまや全国各地に広がり、日本を越えて世界にも発信されているのだ。

このように、マークを使ったグッズをつける人が国境を越えて増え、個人でたくさん買って配ってくれる人もいる。そんな活動の中で飯山さんがうれしかったのはどんなことだろう。

「ある方から、こんなことを言って

もらったんです。『いままでは、自分は精神障害があるから支援される側だというレッテルを、自分自身で勝手に貼っていました。でも、誰もが知らない街で困っているときは当事者にもなるし、自分の知っている街ですぐ道案内できるのであれば協力者にもなれると考えるようになって、もっと外に出ようと思えたんです』。この言葉がとてもはげみになりました」（飯山さん）

飯山さんは、「エンパワー・プロジェクト」をいっときだけ盛り上がる打ち上げ花火のようには終わらせたくないと言う。10年後、20年後には、マークがなくてもみんなが協力する世界になるのが理想だ。そのために行政に働きかけたり、人々に知ってもらうために企業とコラボし、商品を開発したりしている。

いま、「エンパワー・プロジェクト」に協力している仲間は、50〜60人いる。大学で同じ井筒先生の講義を受けた仲間を母体にした「東京大学UNiTe（ユナイト）」という団体の中には、いまも新入生がたくさん入ってきているという。わたしたちの社会の将来を支える学生たちが、このような活動に取り組んでいることを、ぜひ知ってほしい。

2017年、飯山さんはニューヨークの国連本部でエンパワー・プロジェクトの取り組みを発表した。

まずは身近なところから

ここまで、飯山さんの活動について述べてきたが、イメージがわいてきただろうか。あなたの周りにも、きっと困っている人がいるだろう。マゼンタ・スターのバッジをつけて、協力者になってみることから始めてみるのもいい。そして自分が困ったときは、協力してもらえばいい。協力の輪が広がれば不平等や差別も減り、災害時などにも強いコミュニティができるかもしれない。**ひとりひとりができることを始**めていけば、きっと「誰ひとり取り残さない」持続可能な社会に近づくはずだ。

SDGsを実現するための活動として、エンパワー・プロジェクトのほかにもいろいろな視点で「誰ひとり取り残さない」世界を実現するために活動している人はたくさんいる。そんな事例を、ここから紹介していこう。

飯山さんたちの活動について、本書の監修者で「国連とインクルージョン」の講義を受け持ち、この活動のきっかけを作った井筒先生にまとめてもらった。

「若者ならではの新しくおしゃれな視点と行動は、国連でも評価され、国を超えて広まっています。若者は世界人口の4分の1もおり、その力は莫大です。『誰ひとり取り残さない』社会を作るうえで、若者のアイデアとアクションは大切です。SDGsがそのきっかけやガイドになるとうれしいです」

エンパワー・プロジェクトのウェブサイトより

　2015年に国連特別総会で、2030年までの世界の優先目標であるSDGsが採択されました。日本国内でもピコ太郎さんやハローキティなどがPRをして話題になりました。

　日本では17個の目標が注目されることが多いのですが、SDGsの最も大切なメッセージは、「誰ひとり取り残さない」という大目標です。

　これまでのように、もつ者がよりもつようにするのではなく、最も「周辺化」された人々、つまりは、最も苦しい状況におかれた人々を優先して、格差をなくすことが2030年までの世界の約束になったのです。

「周辺化された人々」という国連用語には
・移民・障害者・高齢者・先住民・難民
の方などが含まれます。

　日本における移民は1.8%、障害者は14%、60歳以上の人々は34%、LGBTIは8.9%という数字が発表されています。

　これら「周辺化」されがちな人々は、時にマイノリティーといった呼び方もされますが、ここにある数字を足しただけでも60%にせまるように、実際にはかなりの数の人々が「周辺化」されがちであると言えるでしょう。

　そして誰しも日々の生活の中で、「取り残されている」と感じることがあるのではないでしょうか。困っている時、誰かに協力してほしいけど、声をかけることができない。

　体の調子が悪い時、道に迷っている時、切符の買い方がわからない時……

　とても不安になり、周りが敵だらけに見えたり、孤独に感じる時もあります。

　そんな誰もが感じたことのある小さな「取り残され経験」を、「協力し合える世界」が解決してくれると私たちは思います。

　自分が困った時、苦しんでいる時、悲しい時、周りに友達や家族など信頼できる人がいると何よりも安心しますよね。

　同じように、「大丈夫ですか?」「何かお手伝いできることはありますか?」と自分に協力をしてくれる人が周りにいたら、誰もが安心して過ごせると思うのです。このようなソーシャル・サポートが人の身体や心に大きな影響を与えるということは、医学的にも証明されています。日常に溢れる一つ一つの協力の積み重ねが、いずれ大きな「誰ひとり取り残さない」世界を実現すると信じています。

　私たちはその大事な一歩が「協力者カミングアウト」であると考えました。
EMPOWER ProjectではSDGsの掲げる「誰ひとり取り残さない」という言葉をキーワードに活動を行っています。

　2017年12月には国連でEMPOWER Projectを発表させていただく機会がありました。これからも国連や文化・芸術界、企業、世界の若者と連携しつつ、「誰ひとり取り残さない世界」の実現を目指し、進めていきたいと思っています。

エンパワー・プロジェクトのウェブサイト（https://empowerproject.jp/）より引用。

目の前の人にできる限りのことを！
～中村哲さんとペシャワール会の活動をふりかえる～

「誰ひとり取り残さない」というSDGsとつながる思いを、生涯かけて体現した日本人がいることを知っているだろうか？
ひとりの日本人医師が、「目の前で苦しんでいる人を助けたい」という一心で始めた行動は、いま、大きな木となって広がっている。

中村哲さん（1946～2019年）

戦地で 30 年以上、医療活動に尽力する

アジアにあるパキスタンとアフガニスタンという国では、長らく紛争が続き、病気やけがをしても満足に治療を受けられなかった人々がたくさんいた。その人たちのために、30年以上も医療活動をした医師こそ、2019年に亡くなった中村哲さんだ。

それだけではない。水不足で苦しむアフガニスタンの人々のために数多くの井戸を掘り、灌漑事業を行なって、現地の人の無数の命も救っている。

中村さんが最初にパキスタンに渡ったのは、1984年のことだった。日本で神経内科医として働いていた中村さんは、日本キリスト教海外医療協力会（JOCS）から派遣され、パキスタンのペシャワールに赴任する。ペシャワールはかつてガンダーラと呼ばれ、シルクロードを通じてギリシャの彫刻と仏教が出会い、お寺などで見る仏像が生まれた地だ。そこでは主に、パキスタンの人々や隣国アフガニスタンから逃れてきた難民のハンセン病治療にあたることとなった。ハ

分水路への送水開始を喜ぶ中村哲さん。

ンセン病は、古くからある感染症で、治療薬ができた後も発症者はいわれのない差別を受けることも多かった。

当初、このプロジェクトの任期は3年間の予定だったという。だが、紛争によって医療体制が崩壊していたアフガニスタンの惨状を目にした中村さんは、アフガニスタンのすべての人が安全な医療を受けられ

植樹班のベラ・ハディッドさんたちとガンベリ砂漠防砂林を背景に。

るようになる必要性を痛感。ハンセン病のみならず、さまざまな病気やけがの治療に取り組むようになる。

そして、現地で自ら医療活動をする団体PMSを立ち上げ、当初の任期が過ぎてもその地にとどまる決意をした。以後、患者の治療を行なうとともに、現地で医療スタッフの育成にも取り組んだのだ。

このときの気持ちを中村さんはのちに「**普通のドクターなら、この状態を知って逃げるのはどうかしている。目の前で困っている人が**

いるのに見捨てるわけにはいかない」と語っている。

そんな中村さんを支援しようと、日本でペシャワール会という組織も結成された。この組織は、市民の寄付とボランティアなどで成り立っている国際NGO（NPO）団体で、いまも活発な活動を行なっている。

井戸を掘り灌漑事業を行なう医者

その後、中村さんは苦しい状況の中でも懸命に医療活動を続けていた。ところが、2000年にはアフガニスタンを歴史的な大干ばつが

2003年6月のスランプール平野。農地が干上がってしまっている。

襲う。世界保健機関（WHO）の報告によると、この干ばつによりアフガニスタンで暮らす1,200万人もの人が被害を受け、400万人が飢え、100万人が餓死寸前となったという。

そして、水不足によって衛生状態や栄養状態が悪くなり、赤痢や腸チフス、コレラなどの病気が拡大。とくに抵抗力の弱い子どもの被害は大きく、中村さんの診療所に運び込まれた子どもたちも次々と亡くなっていったのだ。

さらに、家畜にやる水もなくなってしまい、農業ができなくなった。農民は農業をやめて村を離れ、飢餓がより進んでいく。

この様子を目の当たりにした中村さんは、**「医療活動よりも水の確保だ」**と考えた。そしてアフガニスタンの住人600人とともに、きれいな水を求めて井戸を掘り始めた。

中村さんは、「とにかく生きておれ！　病気は後で治す」と念じていたという。中村さんと仲間たちは1年間で600本もの井戸を掘り、20万人分の水を確保。これによって慢性的な水不足が解消し、不衛

通水から約3年後のスランプール平野。緑が戻りつつある。

生な水が原因の病気が減り、さらに農業ができるようになって多くの人が村を離れずにすんだ。

この活動はその後も続き、2008年までに飲料用井戸約1,600本、灌漑用井戸13本が掘られることとなった。

しかし、アフガニスタンの人々の苦悩はまだ続く。2001年にアメリカで9・11テロが起こると、テロリストの拠点とみなされたアフガニスタンは、報復の空爆をこうむった。その結果、農村は荒れ果て、多くの国民が難民となった。

そんな状況になっても中村さんはけっしてあきらめなかった。そして今度は用水路を掘ることを決意したのだ。2003年、クナール川からガンベリ砂漠まで**25キロの長さの用水路を掘るという一大プロジェクト「緑の大地計画」をスタートさせた。**

医師である中村さんは、初めは土木の技術も用水路建設の知識もなかったのだが、専門書を読みあさって自ら図面を引き、専門家の力も借りながら現場で指揮をとったのだという。

通水から13年後のスランプール平野。農地が復旧し食糧が生産できるようになった。

　最初の2年で、用水路はまず5キロが開通。乾いた大地を水がうるおしていくのを見て、アフガニスタンの人々は歓喜したという。

　その後も用水路は掘り進められ、しだいに周辺には緑の田畑が広がっていった。そして着工から7年後、ついに25キロの用水路が完成。不毛な砂漠が、美しい緑に覆われるようになったのだ。

受け継がれていく中村さんの遺志

　こうしてアフガニスタンのために尽力していた中村さんに、突然の不幸が襲う。

　2019年12月4日、アフガニスタンの東部、ナンガルハル州の州都・ジャララバードという街を車で移動していた中村さんは、何者かに銃撃され、亡くなってしまったのだ。

　中村さん自身は生前に、紛争の続く危険なアフガニスタンで活動を続けることについて、「死ぬときは死ぬ」と覚悟を固めていたという。

　そんな**中村さんの遺志は、いまもペシャワール会と現地事業体であるPMSによって引き継がれ、現**地での医療活動、農業事業、灌漑

2003年、「アジアのノーベル賞」と呼ばれるラモン・マグサイサイ賞（平和・国際理解部門）を受賞。

事業などにPMSの職員たちと多くの現地の人々が力を尽くしている。

　日本から遠く離れたパキスタン、アフガニスタンでの命をかけた中村さんの活動は現地の人々の多くの命を救い、国内外で高く評価されている。

　しかし中村さん自身は、「自分は国際貢献をしているつもりはない」と語っていた。あるとき、講演会を訪れた人に「自分たちになにができるか」と聞かれた中村さんは、「目の前の困っている人にできる限りのことをしてください」と答えたという。中村さんにとっては、その「目の前にいる人」が、パキスタンやアフガニスタンの人たちだったということなのだ。

　中村さんの足跡を見て、医者のような特別な資格や知識がなくても、**遠い外国に行かなくても、いますぐわたしたちにもできることはいくらでもある**と考えることができる。中村さんが体現した「誰も行かない所」で必要とされることをすること。それこそ人の命を救い、希望の灯をともし、そしてSDGsの達成にも寄与するのだ。

ペシャワール会／PMS

http://www.peshawar-pms.com/

「誰もが押し寄せる所なら誰かが行く。誰も行かない所でこそ、我々は必要とされる」

ペシャワール会は、中村哲医師のパキスタンでの医療活動を支援する目的で結成された国際NGO（NPO）団体。またPMSは、平和医療団・日本総院長の中村哲医師率いる現地事業体だ。

PMSは医療団体だが、病気の背景には慢性の食糧不足と栄養失調があることから、砂漠化した農地の回復が急務だと判断し、いまなお進行する大干ばつのなか灌漑水利事業に重きを置いて、現在はダラエヌール診療所、農業事業、灌漑事業、訓練所でのPMS方式取水技術の普及活動などを行なっている。

【連絡先】
ペシャワール会事務局（福岡）
電話／092-731-2372（9時〜18時）
Fax／092-731-2373
メール／peshawar@kkh.biglobe.ne.jp

※ペシャワール会には、東京、名古屋、大阪、熊本の4か所に連絡会がありますが、連絡会へのお問い合わせも上記の事務局までご連絡ください。

　本書の監修者のひとり、堤敦朗先生が国際的な活動をするようになったのは、高校生のときに中村さんの講演会を聴いて感動し、連絡をとったことがきっかけだ。そんな堤先生に、中村さんやペシャワール会の活動について伺った。

「中村先生は患者さんや現地スタッフ、さらに住民らに心から尊敬されていました。立場に関係なく、さまざまな人の声に耳を傾けてお話を聴かれていたことを思い出します。当事者の声をしっかり聴くということは、いまでこそ強調されますが、中村先生はずっと当たり前のようにされていました。まさに、『誰ひとり取り残さない』を体現していたのです」

この章で伝えたいこと

SDGs を「自分ごと」として考える

SDGsの目標は世界全体と未来に関わることだが、その実現のためには、いま大人の人も、未来を担う若い世代の人も、ひとりひとりが「自分のこと」としてとらえ、考え、そしてできることから実行することが必要だ。そしてSDGsの究極の目標は、「誰ひとり取り残さない」という言葉にまとめることができる。もっとも苦しい立場にいる人から始め、包摂していくことが大切だ。

協力したい気持ちを伝える「マゼンタ・スター」

大学生たちが「誰ひとり取り残さない」社会の実現のために始めた「エンパワー・プロジェクト」。この取り組みでは、困っている人に「よければ協力します」という気持ちを意思表示する「マゼンタ・スター」というマークを作りあげた。その背景には、多様性を尊ぶ世界にするために「ひとりひとりが、それぞれの得意を生かしてできることから始めよう」という考え方があり、若者ならではのアクションは世界に広がる。

分野を超えて、目の前の人にできる限りのことをする

パキスタンとアフガニスタンで、医療に加え飲み水を確保するために数多くの井戸を掘り、さらに荒地を緑豊かな土地に変えるために灌漑事業を行なった中村哲さんとペシャワール会、そして現地の人々。彼らの行動の背景には、「困っている人にできる限りのことをしよう」という理念があった。これこそ、SDGsの根本的な考え方を体現したものだ。

2章

世界を変える第一歩は
人の心に目を向けることから

SDGsの目標を達成するには、世界中の人々が考え、そして行動に移す必要がある。「でも、まずなにをすればいいの?」——そんなときは、本章で紹介する、SDGsに深く関わるふたりの先生の話や、いま世界に広がっている格差問題についての議論、そして大学生のみなさんがSDGsについて書いた小論文を読んでみよう。

人がやらないことにも目を向け、やりたいことを探そう！そして、ロールモデルと仲間を見つけよう

本書の監修者であるふたりの「同志」は、どのようにSDGsと出会い、
そして仲間と出会ったのか？
ここでは25年来の友人でもあるおふたりに、「具体的なアクションのために、
どんなことをしてきたのか？」をテーマに対談していただきました。

世界保健機関（WHO）のテクニカル・
オフィサーとして災害精神保健ガイドライ
ン作成などを担当、さらにJICAや国連大
学では、SDGsや仙台防災枠組などのフ
レームワーク作りに従事した。

国連ニューヨーク本部にて精神的ウェルビー
イング・障害担当のチーフとなり、SDGsの
前身であるミレニアム開発目標（MDGs）の
実施とSDGs策定に従事した。ミュージカル
など芸術に関する著述や翻訳活動も行なう。

堤敦朗先生
（金沢大学人間社会研究域法学系教授）

井筒節先生
（東京大学総合文化研究科・教養学部特任准教授）

国連や SDGs の活動に 関わるようになったきっかけ

堤先生：中村哲さんが書いた『ペシャワールにて』（石風社）という本を高校1年生のときに読んで感銘を受けたことがきっかけです。その後、中村先生の講演を聴き、いつか中村先生のようになりたいとあこがれたんです（中村哲さんの活動については22〜29ページを参照）。そして将来、海外で国際協力に携わりたいと思って大学に進学し、そこで井筒先生と出会いました。

井筒先生：そのころのことは、よく覚えています。校舎の前の学生たちが集まる芝生の広場で話をしたのが出会いです。25年くらい前のことですね。

堤先生：その後、大学院を修了して、国連の専門機関のひとつである世界保健機関（WHO）で働き始めました。2004年にインド洋で大津波があり、15万人くらいの人が亡くなりました。そのとき、災害後の被災者のメンタルヘルス・こころのケアや支援がまだ注目さ

れていない中で、被災者のためのケアシステムの枠組み作りを行ないました。

その枠組みに基づいて各国がプログラムを作ったり、ときに政策を変えたりする。このような**ダイナミックな仕事にやりがいを感じ、また、見えないところでたくさんの人が支えてくれている**ことを感じました。

井筒先生：わたしは、大学院を修了した後、国立精神・神経医療研

究センターに就職しました。一方で、大学院生のころから始めた開発途上国で暮らす人々の精神保健の研究を通して、**人があまりやっていないことなら、自分でもなにか世界の役に立つことがあるかもしれない**という思いが強くなっていって。国連に行けばそういうことができるかなと考え、国連で仕事をすることになりました。じつは、堤先生とは同じ職場になったことが一度もないんです。だいたい違う国で仕事をしていましたね。当時、国際社会は、SDGsの前身であるミレニアム開発目標（MDGs）の実施に集中して

いたため、それ以外のことはあまりできない状態でした。

MDGsには障害分野が入っていなかったので、堤先生や仲間と一緒に精神保健障害分野について枠組みを作りたいと、ニューヨークの国連本部に異動して、活動しました。

SDGsは、「すべての加盟国が合意した目標」

井筒先生：SDGsをひとことでまとめると、「**世界の193か国が合意した、2016年から2030年までの間に、人類が力を合わせて達成すべき目標**。格差をなくして、一番苦しい立場にいる人たちが苦しくなくなるように、環境にもやさしくて、地球全体が未来にわたって良くなるようなもの」ということになるでしょうか。

宗教も政治的主張もちがう国が国連という同じ場所で話し合いをして、すべての国が合意した目

中村哲さんと、若き日の堤先生（左）、井筒先生（右）。

標だということが、SDGsのすごいところです。

SDGsの17のゴールを見てみましょう。教育に興味がある人は、4番目のゴールにまず着目しますよね。この教育は給食や手洗いなどの健康教育の場でもあり、健康も関係する、というように他のゴールともつながっていますよね。貧困対策をする中で環境問題が悪化しては困るので、そのバランスを取ることも大切。だから、いろいろな目標を一覧にしているんです。

17のゴールには、宇宙と芸術のこと以外はほとんど入っているんですよ。

堤先生：いま主流になっているSDGsの活動って、自分たちがやっていることがどのゴールに当てはまるのかといった広がり方が多いのが実情です。でも、それでは発想が逆なんですよ。

井筒先生：その活動がSDGsのゴールの何番に当てはまるかよりも、それがほかのどこにつながるのか、そしてバランスはどうか、さらにな

035

により自分の活動が「取り残している」人々がいないかをチェックして、包摂していくように変えていくことが重要です。

現状を知るだけでなく、そこからどうアクションするか

井筒先生：たとえば、ホールで買ったケーキがあったとします。子どもが5人いたら、5等分すればよいでしょうか？ いや、5人の中にはおなかが空いている子がいるかもしれないし、おなかが空いてい

ない子もいるかもしれない。もしかしたら、甘いものが嫌いな子だっているかもしれない。そのように考えると、必ずしも5等分がいいとは限らないわけです。

堤先生：そうですね。いま話したような**答えがないことを話し合うことが、SDGs達成のためには重要だ**と思います。たとえば「あなたが難民キャンプの責任者だとします。そこには難民が1万人いて、そこに千人分の食糧が届きました。あなたはそれをどう配分しますか？」というようなことを考えるには、多分野から分野横断的に考えて、一番苦しい人は誰かを知ることが大切です。

井筒先生：その場合、一番食糧が足りていない人のところにバランスをみながら配るというのが、もっともSDGs的な考えになるかもしれません。そのときには、心など見えない要

素に目を向けることが大切です。

　わたしを題材に考えてみましょう。話をしなければ、日本人か台湾人かもわかりませんよね。見た目だけでは国籍がわからないように、ひとりひとりが違う、そして違うことが当たり前なんです。**人は何事もつい分類してしまいがちだけれど、それぞれ違いがあることをいつも忘れないようにしたい**ですね。

堤先生：わたしの娘が幼稚園児のころ、同じクラスにダウン症のある人がいて、一緒に遊んでいました。「どういう子なの？」と娘に聞くと、「○○は得意で、××は苦手かな」とていねいに教えてくれました。

井筒先生：わたしも似た話を学生から聞きました。実習に行った病院で重い障害がある子がいて、ほかの子に「彼はどんな人？」と質問をしたら「○○が上手な子」と話してくれたん

だそうです。

　人間は属性などでは判断できない。みんなひとりひとりがいろいろな側面をもっているから、全然違うし、得意も苦手もそれぞれ違うんです。ステレオタイプ（固定観念や思い込み）で属性を区切るのではなく、ひとりひとりの個性やニーズに目を向けていきたいですね。

堤先生：苦しんでいる人のことを知るのは大切です。ただそれで終わりではなく、そこからなにができ

るかを考えるとよいと思います。実際にいろいろな人とコミュニケーションをとって、自分の感覚として、人はそれぞれ違っている、だからこそ素敵なことだと感じてほしいですね。

■ この本を通して伝えたいこと

井筒先生：仲間外れになっている人がいないか、輪から外れた子がいないか、そして外れた子がいたら自分のチームに入らないか声をかけてみる。そういうことをみんながしてくれたらうれしいですね。

いま、SNSの力が強くなっていますよね。発言力の大きい人たちが強いような世の中になっていて、一国の政府までもがその声に影響されて方針を変えるということさえあります。でもサイレントマジョリティ（物言わぬ多数派）は、SNSで発言したりはしないかもしれない。そして少数派の意見も大切です。多数決で決めるのがよいのか、そのときどきで考えることも大切ですね。

堤先生：ひとりひとり、それぞれがいろいろな意見をもっています。

その意見を聞いて話し合うということを、ぜひやってもらいたい。とくに**ふだん意見を言わないような人の意見や気持ちに、目を向ける社会になってほしい**ですね。

井筒先生：それから、**自分が素敵だと思える人柄や生き方の人を見つけて、そのロールモデルを見ながら自分にできることを始めてくれたらいい**ですね。

堤先生：わたしが勤務する金沢大学では、地方公務員になる学生がたくさんいます。地方にいると、英語は必要ないと考える人もいるかもしれません。しかし、金沢市を良くしたいと思ったら、海外の事例を調べてその国の人の話を聞くことが役立ちます。そのためにも語学は大切だし、地元の良い取り組みを世界に発信することで国際貢献にもなるかもしれない。**世界はたくさんの人とつながることで変えられる**ということを知ってほしいですね。

井筒先生：そうですよね。ちなみに、国連に勤務する人は、母国語が英語じゃない人も多いんですよ。だからこそ、留学経験がなくたってだいじょうぶ。じつはわたしは人前で話すことがが苦手で、対人恐怖症みたいなところがあります。だから国連での仕事のときは、わたしが土台を作って、堤先生がその文章をもとに人とのコミュニケーションをとって形にしてくれることもありました。考えてみたら、ふたりで補い合っていたんですね。

堤先生：そうですね。井筒先生は戦略を組み立てたり文章を作ったりするような頭脳を使った作業が得意。そしてわたしはそれに基づき、人とコミュニケーションをとって仲間を増やすことが得意だったのかな。

井筒先生：みんな能力はデコボコしているから、**おたがいに補い合える仲間を作ることが大切**だと思います。SDGsの実現のためにも、人生においても重要なことだと考えます。

格差をなくすとは
どういうことか

多数の人を効率的に貧困や死から救うための方法

2030アジェンダとSDGsは、「誰ひとり取り残さない」ことを目指す人類のロードマップ（地図）であると言える。しかし、この一見当たり前に見えることが、なぜ改めて世界共通の大目標とされるようになったのだろうか。ここではその理由を探ってみよう。

じつは以前は、少しでも多くの人が貧困から抜け出し、教育を受けたり、健康に暮らすための取り組みは、住んでいる人の多い都会や多数派の人々を主な対象にすることが多かった。国際協力や国内の活動をするときにも、同様に多数の人をターゲットにすることが多かったのだ。

これは、効率的に、より多くの人に必要なサービスを届け、迅速に効果を出すための方法だった。そのおかげで、1990年には開発途上国人口の約半数を占めていた貧困人口（1日に1.25ドル＝約150円以下で生活をしている人々と定義されている）は、2015年には14％にまで減った。

そして、5歳までに死んでしまう子どもの数も1年間に1,300万人から半数以下の600万人に減らすことができたのだ。おなかをすかせて必要な栄養をとれない人や、先進国では薬ですぐに治るような病気で亡くなってしまう人の多かった時代には、このような**多数の人をターゲットにした手法で、貧困人口や5歳までに死んでしまう子どもの数を大幅に減らす結果につなげてきた**のだ。

「多数」に含まれなかった
人々を救うための方法

このような多数の人へのアプローチは、多くの世界的な課題を改善したが、同時に課題もわかってきた。多くの人々が恩恵を受けた一方で、農村部で暮らす人々、先住民・少数民族・移民、病気や障害のある人、スラムや難民キャンプで暮らす人々、LGBTI[※1]や一部の女性などは、後回しにされていることもあったのだ。

これらの**人々は、社会的な障壁や偏見、差別などによって、貧困など社会的に苦しい立場に追い込まれやすかった。**同時に世界では、富裕層がいっそう富裕に、貧困層はいっそう貧困になり、ここに大きな「格差」が生まれるようになったのだ。

ここでいう格差は、お金の格差、つまり経済的な格差だけではない。教育や保健サービスなど、人がより豊かになるためのサービスや情報へのアクセス、安全な住環境、社会の意思決定への参加なども含めた格差が生じていたのだ。

たとえば学校のクラスの中で、自分の住んでいる地域が他のみんなと違うからといって、いじめを受けてしまうとしたら……。多くの人は、きっととても悲しい気持ちになったり、怒りが込み上げてきたりするのではないだろうか。

同じように、**世界中で、格差がひとつの要因となり、さまざまな課題が表面化するようになった。**たとえば、抑圧された人々が抑圧してくる相手に向けてテロ行為をしかけたり、持たざる立場の民族と彼らが豊かになることをはばもうとする民族との間で内戦が生まれたり、国と国との間でも戦争が生まれたりするようになった。そういった争いにより多くの人の命が奪われ、たくさんの国内避難民や難民が生まれ、人々の心の中には、恐怖や悲しみや怒りが積もっていった。

もちろん、経済的な格差も大きな課題だ。いま、世界ではもっと

も裕福な26人が、世界人口の半数である38億人の資産を合計した額と同じくらいの額の富（資産）を持っていると言われている。つまり、持つ者と持たざる者との格差から、お金やモノをめぐってテロや紛争が起こり、争いは人の命を奪い、さらに怒りの悪循環を生むことにもつながっている。

■ 人間社会に存在する 多くの格差

そもそも人間の社会には、たくさんの格差がある。動物である人間は、太古の昔、自然界の中で生き抜くために、他の生物よりも「強く」あろうとしてきただろう。また人間同士でも、家族が飢えないように、他の地域の人間たちよりも多くの食べ物を確保しようとしてきたのかもしれない。現代でも、学校の成績やスポーツ、ゲームなどで勝者と敗者を区別するのは、そのような大昔の営みがわたしたちの中に残っているのかもしれない。

そして現代の人間は、肌の色、出身地域や住んでいる地域、階級

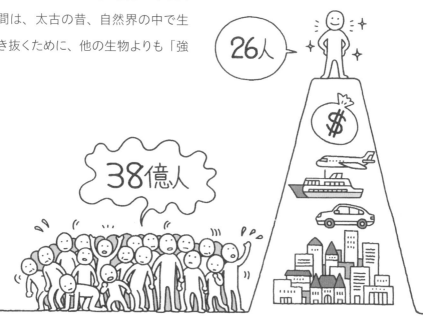

26人

38億人

やジェンダーなど、さまざまな「違い」をおそれ、脅威と感じてしまうことがある。反面、違いにあこがれを抱き、そこから新しいことを学ぼうとする側面もある。

本当は、**違いは脅威ではなく、とても貴重で、たがいに尊重し、大切にしあうもの**だということを意識しておくことが重要だ。

■ どうすれば格差はなくなるか

では、どうすれば格差問題を解決できるのだろうか。みんながモノなどを平等に手に入れられるように、すべてのものを均等に分け合えばよいだろうか。でも、分けることができないものの場合はどうすればいい？　そもそも均等に分けるのがよいことだろうか？　……といった疑問をもった人もいるだろう。

その通り、**世の中には分けられないものもあるし、ひとりひとりのニーズが異なるので、単に均等に分け合えばよいとも限らない。**た

とえば、おなかが空いている人と空いていない人、甘いものが好きな人とそうでない人、育ちざかりの子どもと高齢者では、食べ物の分け方も異なるかもしれない。

列車やバスなどの優先席も同じだ。若い人でも体調によって座ることが必要な人もいるし、高齢者でも腰が痛くて座るほうがつらい場合もある。またスポーツ大会などでの「優勝」は、競技に参加したすべてのチームで分けることはできない。しかし、運動が得意でがんばった人は運動会で優勝を、ピアノが得意でたくさん練習した人はコンクールで観衆からの拍手を、文章が得意な人は作文コンクールで優秀賞を、やさしい人は「ありがとう」のことばを、笑顔が素敵な人は周りからも笑顔をもらえることが、それぞれの人が喜ぶことだろう。

つまり、人の価値観や状況によって求められるものは異なるし、そもそもわたしたちはひとりひとり違

う存在であり、ニーズや得意・不得意も異なる。そういった**それぞれの違い（多様性）を尊重し、「もっとも遅れているところ」から始め**ようとすることが、「誰ひとり取り残さない」ために格差をなくすカギとなるのだ。

■ どんなアクションをとればよいか

いま、日本の人口の約30％が60歳以上の高齢者、約15％が障害のある人、約2％が移民の人々だという。また、日本人の約9％がLGBTIの人だという調査結果もある。これら高齢者や障害のある人、外国からきた人々やLGBTIの人々は、日本ではいまだに差別を受けることもある。その人たちはなにも悪くなく、ひとりひとり素敵な個性を持つ人なのに、格差を感じながら生きている人も多い。

その原因は、どこにあるだろうか。じつは**その原因は、高齢者や障害のある人、移民などの当事者にあるのではなく、社会の側にあるのだ。**

たとえば障害についてみてみよう。ここに、車いすユーザーの生徒がいるとする。2階の教室で授業があ

るのに、1階と2階をつなぐ手段が階段しかない場合、その生徒は2階の教室に行くのが困難だ。でも、ゆるやかなスロープを使って2階に行けるようになっていたり、エレベーターがあったりすれば、2階で授業を受けることができる。予算やスペースなどの理由でスロープやエレベーターの設置が難しい場合は、その中で最大限できること、たとえば1階で授業を行なうという方法もある。これらによって障害（障壁）がなくなるのだ。つまり、格差は社会が生み出すものだということができる。ということは、格差は社会を変えることでなくしていくことができるということがわかるだろう。

この考え方は、2006年に国連が採択した障害者権利条約の中で採用された、「社会モデル」という考え方だ。黄色い点字ブロックの上に自転車を止めることはもちろん、仲間はずれにするなどの人々の態度や心のバリアをもつことも障壁となるため、環境や情報、人々の心や態度をひとりひとりがさまざまな人に寄り添うようにすることが大切なのだ。

多様性を尊重する社会は、格差をなくそうとする社会であり、それは、わたしたちひとりひとりの行動、態度、心のもちようでより良くしていくことができる。

その際のキーワードは「誰ひとり取り残さない」こと、そして「もっとも遅れているところに第一に手を伸ばすべく努力する」こと、さらに、ひとりひとりの違いを尊重して「多様性を大切にする」ことだ。

注釈

※1 LGBTI
　レズビアン、ゲイ、両性愛（バイセクシャル）、トランスジェンダー、インターセックスの5つの単語を組み合わせたもので、「性の多様性」や、さまざまな「ジェンダーアイデンティティ」を示す。

未来を担う世代が考える SDGsへの取り組み

1章では、SDGsの理念やマゼンタ・スター、ペシャワール会などの具体的な例を紹介した。そして2章のここまででは、みなさんのような若い世代がSDGsを理解し、さらに行動を起こすためのヒントを提示した。

ここからは、若い大学生たちが、SDGsについてどう理解し、いかに行動しようとしているのかを、4人の方の小論文から紹介しよう。

以下に紹介する4本の小論文は、野毛坂グローカルという団体が2020年に実施した、第1回 SDG s「誰一人取り残さない」小論文コンテストにおいて入賞したものだ。野毛坂グローカルは、「国内の地域コミュニティの学びあいと、海外と地域コミュニティとの学びあいの、ふたつの活動を通じて日本の共生の地域コミュニティを作ることを目指す」をテーマに掲げて活動している団体だ。その活動の一環として、この小論文コンテストが行なわれた。

これらの小論文を読んでどんな感想をもつだろうか？ SDGsに取り組む第一歩は、まず考えるところから。読者のみなさんも、それぞれの考えを深めていってほしい。

野毛坂グローカルでは、このコンテストを毎年1回のペースで実施する予定です。「自分の考えを発表してみたい」と考えたなら、ぜひ以下から応募してみましょう。

2021年 第2回 SDG s「誰一人取り残さない」小論文コンテスト
https://nogezaka-glocal.com/dh2/

エバデ・ダン 愛琳さん

　田んぼに囲まれて生まれ育った少女時代、わたしは言葉にできない疎外感を感じていました。友だちよりも茶色い肌、くるくるした髪、父の作るナイジェリア料理と母の作る日本食との両方が楽しめる食卓。日本人だといえば「うそだ」と否定され、「日本人平均」という言葉には自分が当てはまるのかどうか違和感を覚え、「あなたは普通じゃないね」と言われるたびに、孤独を感じていました。

　24歳になったいま、孤独を感じていた子ども時代の自分が求めていた居場所を作ろうと思い、自分と同じくアフリカにルーツをもつ子どもたちのためのコミュニティを運営しています。このコミュニティには、わたし自身も日々の生活で気をつけている、ふたつのルールがあります。このふたつは、SDGsの理念「誰ひとり取り残さない」の基本でもあるといえます。

　ひとつめは、違いを受け入れることです。これまで、

自分は「普通」であると思い込んでいるたくさんの人々が、彼らの物差しでわたしを「普通ではない異常な存在」とみなし、線引きしてきました。「普通」とはあくまで主観であり、十人十色のさまざまな違いがあります。背の高い人もいれば、足の速い人もいる。車いすの人もいれば、わたしのようにさまざまな国にルーツのある人も。このような違いは個性であり、個性はより社会を豊かにする基礎であると思います。「人種なんて関係ないよ」「障害なんて気にしないで」と言ってその人のもつ違いを無視するのではなく、「わたしとあなたは違うけれど、そこがいいよね」と違いを受け入れられる発言をするよう心がけています。

　ふたつめは、すべての人が自分らしくいることを求めること、そして尊重される権利があることを再認識することです。吃音※1の親友が、「吃音は僕の一部であり僕のすべてではない。それだけでかわいそうな人だとレッテルを貼られると一番腹が立つ」と言っていたことを鮮明に覚えています。わたし自身も同様な経験をしてきました。彼の一部だけを切り取り、「かわいそうな人だ」と決めつけてしまう行為は、彼のもつ可能性を殺してしまいます。個を殺して集団に引き込むことでも、表面上

は誰も取り残されていないかもしれません。しかし、本質的な包括性・多様性の享受ができている社会こそが、持続可能な社会であると思います。「誰ひとり取り残さない」社会は、大前提として、すべての人がのびのびと暮らせるような社会である必要があるのではないでしょうか。彼が何者であるかを決める権利は、彼以外の誰にもありません。それはすべての人が有する基本的人権であり、尊重されるべき権利です。

「誰ひとり取り残さない」ためには、日々絶え間ない努力が必要です。わたしは、この2点をつねに念頭において、毎日人と接しています。そして、自分のコミュニティにやってくる子どもたちにも、つねにこれらのことを話し、彼らのもつ違いは無限の可能性であるということ、そして彼ら全員に尊重される権利があり、彼らが接するすべての人にも同様にあるのだ、と言い聞かせています。自分が子どものころ、そうであってほしかった社会、「誰ひとり取り残さない」社会を目指して。

注釈

※1 吃音
　音の繰り返し（連発）、引き伸ばし（伸発）、ことばを出せずに間があいてしまう（難発、ブロック）のような、発話の流暢性（滑らかさ・リズミカルな流れ）を乱す話し方のこと。

意見②

■ 木俣莉子さん

　わたしは今回のセミナー[※1]を通して、新たに2点の気付きを得ることができた。

　1点目は、世の中が新型コロナウイルスの蔓延とのつきあい方を少しずつ獲得し、新しい生活様式へと前向きにシフトチェンジ[※2]していく一方、取り残された人々との差が刻々と開いていっていることだ。そして2点目は、「誰ひとり取り残さない」社会は、知識、想像力、そして実際に当事者と関わる経験の3要素がそろうことで、初めて実現が可能になるのではないかということだ。以下、このような気づきにいたった経緯について述べていく。

　新型コロナウイルスの蔓延が日本でも本格的に始まった2020年2月初頭は、実態のつかめない未知のウイルスにおびえ、各々が「自分が生き延びること」に必死だった。しかしながら今日では、人々は長期的にこのウイルスとつきあっていかねばならないことを覚悟し、ライフスタイルを前向きに変更していく姿勢が主流になってきた。数か月前までのおよそ30倍の人々が、Zoom[※3]などを活

用し、リモートワーク[4]やオンライン飲み会などを行なう
ようになった。メディアでも「ふだん会えない人とつな
がれた」「家族との時間が増えた」などの明るい声が取
り上げられ、自身も人間の適応能力に驚かされ、前向き
な変化に感心するばかりであった。

　そのため、このセミナーを視聴した際、わたしははっ
とさせられた。ウェブ会議ツールを自宅で不自由なく使
えるのは、「目が見える」「耳が聞こえる」「話すことが
できる」「自宅のインターネット環境が整っている」「機
器の操作ができる」「デジタル機器を用意できる」など、
さまざまな要素をみたした「限られた人」のみであるこ
とに、初めて気づかされたからだ。今後ウェブ会議ツー
ルなどが、ますます人々の生活から切り離せないものと
なると予想されるが、それに伴いこのままでは「使える
人と使えない人の差」は開くばかりだ。けれどもこれは
あくまで「このままでは」の話である。福田さん[5]が述
べられていたように、どんな状況でも取り残される人は
出てきてしまうが、それを防ぐためのくふうはできる。

　それではその「くふう」はどのようにしてなされるのだ
ろうか。そのことを考えた際、今回のセミナーを視聴す
る以前のわたしであったら、「知識」と「想像力」のふ
たつを必要要素として挙げただろう。これまでも、さま

ざまな立場の人に起こりうる問題を知り、それをふまえて想像力を働かせれば、日常場面でも適切な配慮や援助ができると考え、知識を深めようと努力していた。しかしながら、セミナー内のある場面で、そのふたつだけでは不十分だと悟らされた。今回のセミナーでは、盲ろう者※6への配慮として「要約筆記※7」が行なわれていた。スピーカーひとりひとりが、ふだんよりゆっくり話すことを十分に意識されていたが、セミナー内では「もう少しゆっくりお願いします」「区切りで間を取ってください」といった要請が、何度も何度も、繰り返された。

　全員の間に「ゆっくり話さなければいけない」という共通認識があった中で、このようなことが起きたのは、要約筆記に必要とされる「ゆっくりさ加減」「間の取り加減」が、参加者の想定以上であったことが原因なのではないかと推測する。参加者同士がそれらの加減を前向きに探りながら、ちょうどいい加減を見つけていく過程には心が温まった。

　この過程を見ていたわたしたちは、今後そのような方とお話をする際、自分が思うよりさらにゆっくりと、十分な間を取って話すことができるようになるだろう。たった数時間の経験を通して、わたしたちは「誰ひとり取り残さない」社会に向けて、確実に一歩前進することが

できたのだ。

　わたしはこのことから、本当の意味での適切な配慮や
援助を実現するためには、「知識」「想像力」に加え、「実
際に当事者と関わる経験」が必要なのではないかと考え
た。知識、想像力、そして実際に当事者と関わる経験の
3つがそろうことで初めて、それぞれの要素が相互に影
響を及ぼしあい、「取り残し」を防ぎ、ともに生きるた
めの対策を検討することができるのではないだろうか。
　今回のような場は、さまざまな人に気づきを与えられ
るという点で、共生社会実現のために非常に意味がある
と考える。これまで分断に気づいていなかった人は、分
断に気づき、知識や想像力の獲得のきっかけを得ること
ができる。一方で分断に気づき、知識や想像力を持ちあ
わせている人は、実際に当事者と関わる経験を通して、
さらに適切な配慮を見つけることができる。

　人間社会は複雑な要素がからみあって成立しているた
め、社会状況を一度に根本からくつがえすことは不可能
だ。しかしながら、だからこそ、ひとりでも多くの人が
分断に気づき、共生のための小さな前進を積み重ねてい
くことが重要になってくるのではないか。

今後は積極的にこのような交流の場に参加することで自身の気づきを増やし、ゆくゆくはその気づきを周囲に伝播させられる存在になりたい。それが、「誰ひとり取り残さない」社会の実現のために自身が貢献する、一番の方法なのではないかと考えている。

注釈

※1 今回のセミナー
　　野毛坂グローカルが2020年5月1日に開催したイベント「新型コロナで取り
　　残されそうな人　〜SDGsの精神「誰一人取り残されない」を目指して〜」
　　のこと。同イベントはオンラインで実施された。

※2 シフトチェンジ
　　自動車などで、速度に合わせてギアを変えていくことから、ここでは生活様
　　式を変えていくために考え方や行動を転換するという意味。

※3 Zoom
　　アメリカに本社を置く会社が提供するウェブ会議サービスのひとつ。2020年
　　の新型コロナウイルス感染症の拡大に伴い、急速に普及した。

※4 リモートワーク
　　会社から離れた場所で働く勤務形態のこと。新型コロナウイルス感染症の拡
　　大に伴い、導入する企業が増えている。

※5 福田さん
　　2020年5月1日のイベント（※1参照）に参加した福田暁子さんのこと。全盲
　　ろう者で人工呼吸器、電動車いすを使用する。大学での講義や国連から依
　　頼を受けた調査などで世界的に活躍中。

※6 盲ろう者
　　視覚と聴覚の両方に障害をあわせもつ人のこと。

※7 要約筆記
　　聴覚障害者などへの情報伝達手段のひとつ。講義や会議などで、話されてい
　　る内容を要約し文字として伝える。

意見③

加賀明音さん

　人に助けを求めることができるようになるまでに、長い時間がかかりました。できないことがあるのは、わたしの努力が足りないからだと思っていました。わたしが悪いんだって思っていたから。あきらめなければならなかったこと、たくさんありました。でも…。

　朝起きても、周りは真っ暗。鳥も鳴きません。ピピピと鳴らない目覚まし時計。でもカーテンを開けたら、ちゃんと暖かなお日さまがあるんです。

　車いすに伝わるガタガタという振動。顔に当たる風。夏の夕方の風、秋のキンモクセイの香り。春の桜、そして屋台の食べ物のにおいが大好きです。

　世の中には、ラインなんていう便利なものがあるらしい。最近は「どうぶつの森」というゲームがはやっているらしい、とか。

　わたしには、周りの様子がまったく見えなくて、そして人の声も聞こえません。視覚と聴覚の両方に障害の

ある盲ろう者です。毎日、手からの情報で世界を確かめています。

　新型コロナウイルスの感染拡大を防ぐために、人と人とが距離をとるようになりました。わたしは見えなくて聞こえないから、触れていなければ人がいることがわからない。だから、わたしの周りから人が消えました。

　みんなはいま、なにしてるのかな、そんなことを考えながら続けるステイホーム[※1]生活。少し気を抜くと、朝なのか夜なのかわからなくなってしまって大変です。

　最近増えた、オンラインでのイベント。興味があっても、ひとりでは内容を知ることができません。コロナじゃなかったら誰かにきてもらうことができる、そうしたらいろんなことがわかるのに……。イベントの情報を知るたび、悲しくなることばかりでした。

　5月1日のイベント[※2]では、いまやっていることがわかりました。これが、参加できてるっていうことなんですね。久しぶりに人とつながれている気がして、じわじわ、うれしくなりました。

　いままでに、しかたがないとあきらめたことは何度もあります。あきらめるしかないと思っていたから。

　助けてくださいと言えるようになってから、気持ちが

ラクになりました。わたしも誰かのためにできることがあるのだろうかと、考えられるようにもなってきました。

　最初からなにもかもを完璧にするのは難しいです。けれど、みなさんと同じように買い物にいきたい。みなさんとお話がしたい。学校へ行きたい、学びたい。興味のあるイベントに気兼ねなく参加できるようになったらいいのにな、とか。やりたいことはそんなことです。わたしもがんばって、たくさんの人から少しずつ力を借りることができたら……。あきらめなければ、夢と可能性はきっと広がります。
　だから毎日、声をあげ続けています。
「わたしたちはいま、取り残されています。あなたの力をほんの少しだけ、貸してもらえませんか?」と。

注釈

※1 ステイホーム
　　新型コロナウイルス感染拡大を防ぐため、国を挙げて奨励されている標語で、「家で過ごそう」という意味。
※2 5月1日のイベント
　　54ページの※1で紹介したものと同じ。

意見④

古川遼さん

　わたしがSDGsの基本精神に関して思うことは、「誰ひとり取り残さない」ために自分たちがひとりでも多くの周りの人に目を向ける必要があるということである。SDGsは政府や企業だけでなく、個人で取り組む必要がある。そう考えたとき、わたしがSDGsの基本精神を達成するためにできる事を考えてみたので書いていきたいと思う。

　わたしが、基本精神を達成するために取り残したくないと思う人は、目に見えない障害をもった方々である。ここでいう「目に見えない障害」とは、筆者の造語で、一見健常者に見えるような者がかかえている障害のことを指す。たとえば、吃音、ADHD[※1]、感覚過敏症[※2]など多岐にわたる。このような目に見えない障害者を取り残したくないと、なぜ思うようになったのか、具体的になにをしていくのかを述べていく。

　まず、わたしは吃音である。吃音とは、話し言葉が

なめらかに出ない発話障害のひとつであり、精神障害のひとつに位置づけられる。連発、難発、伸発の3つの症状があり、成人の全人口の1%が持つ障害で多くの人が障害を持つにもかかわらず、原因、解決策はいまだ解明されていない。

そんな吃音であるが、わたし自身小学生のころからいままで、さまざまに苦しめられている。吃音の症状として、普段はスラスラ話せるのに、一定の緊張状態に置かれたときにまったく話せなくなったり、また時期によって言葉が出ないということがある。

筆者も同様に、ふだんはスラスラ話すことができるが、プレゼンや知らない人との会話になると言葉が本当に出なくなる。現在は某大手通信会社で働いているのだが、重要なプレゼンの際に吃音が出てしまい、何度も練習をしたにもかかわらず、ほとんど話すことができなかった。その際に上司からかけられた言葉として、もっと練習をがんばろう、ハキハキと話しなさい、というものであった。このときにわたしは、自分が吃音であると打ち明けていなかったことへの後悔と、吃音というものが世に知られていないということを改めて感じた。もし、上司が吃音という障害の存在を少しでも知っていれば、かける言葉の内容は変わっていただろう。

このような自分の体験を通して、同様の悩みをもった障害者はとても多いように感じる。最近でいうと、感覚過敏症の方がマスクをつけることができず、周りから白い目で見られるというニュースがあった。これもそもそも感覚過敏症という障害があることを周りが知っていれば、もう少し違う対応、反応ができたように感じる。

　このような目に見えない障害に対する社会の反応を、わたしは変えたい。そのためにも先ほどから伝えているように、まずは知ってもらうということが大切である。わたしはこの文章でもそうであるが、さまざまなメディアを通して自他ともに目に見えない障害に対しての知識をつけていく必要があるし、障害の存在の普及に貢献していきたい。

　最後にまとめとして、わたしがこの文章を通して伝えたかったことがふたつある。ひとつ目は、SDGsの基本精神を達成するためには、目に見える課題だけでなく、目に見えない課題を解決する必要があるということ。ふたつ目は、そのためにわたしができることは、まずはこのような文章などを通して目に見えない障害の存在を知ってもらうことだ。

　個々人が自分の中でさまざまな知識をつけ、課題や
周囲の人に相対することこそが、SDGsの基本精神に
必要不可欠なことである。

注釈

※1 ADHD
　　注意欠陥多動性障害のこと。発達障害のひとつで、不注意（集中力が続き
　　にくい）、多動性（じっとしているのが苦手）、衝動性（思いつくと行動し
　　てしまう）などの症状が見られる。
※2 感覚過敏症
　　周囲の音やにおい、味覚、触覚など外部からの刺激が過剰に感じられ、苦痛
　　や不快感が出やすい症状のこと。

この章で伝えたいこと

 ## 知るだけでなく、いかに行動に移すか

SDGsの理念を知り、具体的な目標やターゲットを理解することは大切なことだ。しかし、それらを知るだけではSDGsを実現することはできない。そこから自分になにができるのかを考え、さまざまな人とコミュニケーションを取りながら仲間を見つけて、考えを行動に移すことのほうが重要なのだ。

 ## 世界の格差の現状を理解する

領土や資源の争奪、考え方や文化の違いだけでなく、経済的なものを始めとする格差が理由となり、国と国、個人と個人の間に問題が起こることがある。この格差の是正も、SDGsの大切な目的のひとつ。そこで、なぜ、そしてどのような格差が生まれてしまうのか、その背景を理解し、格差を解消していくように考え行動していく必要がある。

 ## さまざまな人の声に耳を傾ける

SDGsでは、多様な人々の包摂（p6下の注釈を参照）が優先事項だ。そのためには、目立つ意見だけではなく、さまざまな考えをもつサイレント・マジョリティー（もの言わぬ多数派）やサイレント・マイノリティー（声をあげない少数派）の声も含め、さまざまな人の考えに耳を傾け、一緒に考える習慣をつけておきたい。

3章

持続可能な未来のための
さまざまな取り組み

SDGsを達成するために、世界のさまざまな個人や会社などの団体が声をあげ、実際に行動を始めている。本章では、世界的に有名な大企業や、多くの人が知っているテレビ番組などが、経済・教育・芸術・社会などの分野で行なっている多種多様なアクションを紹介する。あなたなりのSDGsへの取り組みのヒントとなるかもしれない。

どんな人にも 洋服を楽しめる幸せを！

関連するSDGs

3	すべての人に健康と福祉を
10	人や国の不平等をなくそう
12	つくる責任つかう責任
17	パートナーシップで目標を達成しよう

ここからはさまざまな企業や団体が、どのように未来を変えていこうとしているのかを見ていこう。まず、衣料品ブランドのユニクロやジーユーなどでおなじみの会社で活躍する、松林さんにお話を伺った。

● **Profile**

松林貴子（まつばやし・たかこ）さん

株式会社ファーストリテイリング　サステナビリティ部
ビジネス・社会課題解決連動チームリーダー

長野県生まれ。大学卒業後、外資系メーカー勤務を経て、2014年にファーストリテイリング入社。2016年からサステナビリティ部で、人権や女性支援の取り組み、また同社が展開する東南アジア諸国での社会貢献活動の推進を担当。現在は、「服のチカラを、社会のチカラに。」というファーストリテイリングのサステナビリティステートメント実現に向け、難民支援、次世代育成、緊急災害支援などファーストリテイリンググループ全体の社会貢献活動の推進に取り組む。

　わたしたちは、毎日いろいろな服を着て暮らしています。そして、お気に入りの服はわたしたちを元気にしてくれますよね。「ユニクロ」や「ジーユー」などのブランドを世界中で展開するわたしたちの会社では、良い服を作り、より良い社会を作ることに取り組んでいます。

　より良い社会を作るために、わたしたちができることは、まず、**服を大切に、少しでも長く使ってもらうこと**。そのためには、むだなものを作らず売らないことが大事です。「シンプルで質が良く、長持ちする」

を服作りのコンセプトに、必要とされる服を、必要な数だけ計画的に作ることに取り組んでいます。

それでも、まだ着られる服が捨てられてしまうこともあります。そこで、**全商品をリサイクル、リユースする活動に取り組んでいます。**

この活動では、ユニクロやジーユーのお店にあるリサイクルボックスにお持ちいただいた服を、世界の難民を支援する国連機関である国連難民高等弁務官事務所（UNHCR）などと協力して、難民の人に支援物資として届けています。

さらに、**難民のおよそ半数を18歳未満の子どもが占めることから、「"届けよう、服のチカラ"プロジェクト」で、社員による出張授業から、子どもたちが主体となって、校内や地域で着なくなった子ども服を回収し、難民の子どもたちに服を届ける取り組み**を行なっています。これは、学校に通う子ども自身が、身の回りの着なくなった

回収する

仕分ける

ニーズに応える

加工・再生する

世界中で役立つ

ユニクロの RE.UNIQLO リサイクル、リユースの仕組み。

子ども服を集めて難民の子どもたちに届けるプロジェクトです。ぜひ参加してほしいですね。

わたしたちは、服を着る喜びや楽しさをひとりでも多くの人に伝えたいと思っています。その考えを実現させるため、服を必要としているあらゆる人たちに届ける取り組みに力を入れています。

難民キャンプに行って感じたこと

わたしはこの仕事を通じて、社会問題に目を向けるようになりました。そして、実際にインドとマレーシアで難民の方々へ衣料を寄贈する活動で、さまざまなことを考えました。

現地では、寄贈する衣料を自分たちで選んでいただけるよう、実際の店舗のようにして服を選んでいただけるようにすることもあります。そのとき、みなさんがウキウキとうれしそうに選んでいるのを見て、**難民のみなさんも、わたしたちと同じなんだ、彼ら彼女らの服を選ぶ楽しみを奪わないようにしなくてはと思いました。**

また、学校で勉強をしている子どもたちのキラキラと輝くひとみを見たとき、**教育の機会を提供すれば立ち上がっていけることを確信しました。**そして、教育の重要性を実感しました。

仕事を通じて、すべての人の自立に貢献したい

現在、世界に7,950万人以上もの難民・避難民がいます。**難民の人は、社会的に周辺化されている（取り残されている）とされています。しかし、教育が提供されれば自立でき、経済活動ができるよう**になります。わたしの仕事が、少しでもその人たちの自立に貢献できればいいと思います。

たとえば、環境問題ひとつとっても、経済格差

インドに暮らす難民の住まい。

などの問題が連動しています。わたしたちは、服を作って売る会社です。難民問題を解決するのはわたしたちだけでは難しい。**各分野の企業や団体が連携し、一緒に解決策を考えていきたい**ですね。

好きなことに力を注ぎ、問題解決を考えてほしい

世の中の複雑にからみ合う問題を解決するために、次の世代に継続して活動してもらうには、子どもたちに必要な知識を身につけてもらうこと。子どもたちには、**好きなことを見つけて力を注ぐことで問題解決を考えるようにしてほし**いですね。

また、たまには視点を変えてさまざまなことを経験してみる。好奇心を持ちながら、物事を経験してくれたらいいと思います。そして、**自分のやりたいことが見つかったら、ひとりひとりがリーダーシップを持つことでより良い世界が訪れると**思います。

インドの難民が学ぶ学校の様子。

バングラデシュの縫製工場で女性ワーカーとの対話。

関連するSDGs	
4	質の高い教育を みんなに
9	産業と技術革新の 基盤をつくろう
15	陸の豊かさも 守ろう
17	パートナーシップで 目標を達成しよう

地域と世界の両方を
見ながら未来を考える

金沢大学では、SDGsの動きが始まる前から、未来課題を解決するための取り組みを独自に行なってきた。金沢大学の取り組みのポイントはふたつ。ひとつ目は、世界を見てグローバルな未来課題を解決すること。ふたつ目は、地元の足固めとしての地域課題の解決だ。そして、このふたつの課題は密接につながっているという認識で活動しているという。それはどういうことだろうか？　副学長の和田教授に、その取り組みの一部についてお話を伺ってみよう。

●Profile

和田隆志（わだ・たかし）教授

金沢大学理事（副学長）

1992年、金沢大学大学院医学研究科博士課程を修了し、1995年にはアメリカ・ハーバード大学 Brigham and Women 病院の研究員に。2001年より金沢大学助手に着任、その後、金沢大学にて2005年に講師、2006年に助教授、2007年に准教授、ついで教授となる。さらに2016年に学長補佐（研究戦略担当）、2018年からは副学長（研究力強化・国際連携担当）に就任する。現在、金沢大学理事（研究・社会共創担当）／副学長厚生科学審議会専門委員などを務める。

日本と社会の
持続可能な発展を図る

　金沢市には、日本に本部を置く国内唯一の国連機関である国連大学のオフィス「国連大学サステイナビリティ高等研究所 いしかわ・かなざわオペレーティングユニット」

があります。その国連大学サステイナビリティ高等研究所と、SDGsの考え方を共有する国内28の大学が連携し、「SDG大学連携プラットフォーム」が2020年10月に創設されました。

　ここでは、それぞれの大学のす

ぐれた取り組みを共有し、国際社会で活躍する人材を育成することを通し、日本と世界の持続可能な発展に貢献することを目指しています。

地域での合宿を通して学生のもつ力を高める

金沢大学の教育の中で特徴的な科目のひとつに、現場体験型の「地域『超』体験プログラム」があります。

このプログラムでは、入学したばかりの学生が参加できる合宿が、年に4回実施されます。学長も参加する2泊3日のこの合宿は、座禅や農作業、保全林の草刈り、地域の民泊体験などがもりこまれ、座学（通常の講義スタイルでの学習）だけでは身につけられない、「人間力」を高める貴重な機会になっています。これによって、**将来の社会的課題解決を担う力を備えた人材を育成し**

「金沢大学SDGsのひろば」。

ようと取り組んでいるのです。

大学内での学生と教員の連携

金沢大学の特色ある活動のひとつに、「金沢大学SDGsのひろば」というコミュニティがあります。これはSNSを活用し、学生や教職員が気軽に情報共有できるようになっていて、ここでの交流をきっかけ

に、SDGsに関連する主体的な行動や活動が展開されています。

このコミュニティは、学生がさまざまな活動をする際の仲間探しの核となるもので、学科や学部、学生と教職員、さらに大学の垣根を越えたSDGs活動の大きなうねりが始まることが期待されています。

ほかにも、**学生が地域理解を深め課題発見や解決への道筋を探る授業科目を開設**しました。とくに「まちづくりインターンシップ」は、地域の方と共同し、実際に街作り活動を体験することで、地域活性化に必要な力を身につけられるようにデザインされています。

地域の課題解決の成功事例を海外へ

金沢市は石川県にありますが、その石川県の能登半島には「能登の里山里海」、また新潟県佐渡島には「トキと共生する佐渡の里山」という世界農業遺産があります。世界農業遺産とは、伝統的な農業を営む地域を国連食糧農業機関（FAO）が認定する制度です。

ところがこれらの世界農業遺産のある地域では、若者の農業離れや都市部への流出により、耕作放棄地が増えてしまいました。そこで金沢大学では、国際協力機構（JICA）の助けを借りつつ、このふたつの世界農業遺産の自然と景観を守り、その持続と今後の発展に向けた事業を実施しました。

ところで世界に目を向けると、フィリピンに「イフガオの棚田」（正式な登録名は「フィリピン・コルディリェーラの棚田群」）という世界文化遺産があります。この世界遺産は同時に、さきほど紹介した世界農業遺産にも認定されています。しかし最近では、やはり耕作放棄地が増え、さらに観光開発によって美しい棚田の景色が破壊されつつありました。イフガオの棚田の自然と伝統文化を受け継いで、景観を守るには、そのための人材を育てる必要があったのです。

そこで金沢大学では、能登と佐

渡のふたつの世界農業遺産を守るための事業を通じて得たノウハウを用いて、日本とフィリピン両国の人材養成のための「イフガオ里山マイスター養成プログラム」を、2014年2月から3年間実施しました。そ

イフガオの美しい棚田を背景に喜ぶ「イフガオ里山マイスター養成プログラム」のメンバーたち。

してこのプログラムによって、イフガオと能登の将来を担うフィリピンと日本の若い人材を数多く養成しました。

　10年以上にわたり蓄積された**日本国内でのノウハウが、世界的に有名なフィリピンのイフガオの棚田の保全活動に生かされた**──つまり、能登や佐渡での知識や技術が、イフガオの担い手に伝授されたのです。

　同時に能登と佐渡では、イフガオの人々と交流することで、国際的な視野を持ちながら地域の課題を解決する人材の育成を行なっています。これは、金沢大学の取り組みを通じて地域と世界がつながっていったひとつの良い例だと思います。

白山白峰地区の自然を生かした研究や教育

　めずらしい地形などが残る自然公園「日本ジオパーク」や、国連教育科学文化機関（UNESCO）の生物圏保存地域「ユネスコエコパーク」にも登録されている白山も、

石川県にあります。

金沢大学では、その白山に**新たな教育・研究拠点として「金沢大学国際機構SDGsジオ・エコパーク研究センター」を開設し、自然や文化を生かした研究や教育を行なっています。**

留学生交流プログラムでのひとコマ。

セミナーハウス周辺でフィールドワークをする留学生のみなさん。

この活動は、教育とユネスコエコパークが連携する事例にもなっていて、「持続可能な開発のための教育」を実践する場としても位置づけられています。

さらにこの研究センターはセミナーハウスとしても運用されています。2015年度からは、そこで留学生交流プログラムを実施しています。海外から来た留学生が、この場所で地域の文化や自治体の活動に触れ、SDGsについて学びを深めているのです。2017年度にはロシアとの学生交流プログラムが展開され、金沢大学の学生がロシアに留学するなど、日本・ロシアとの双方向の活動も行なわれています。これらの

地域の祭りに参加する、留学生のみなさん。

プログラムには、これまでに世界各国からのべ200名以上が参加しています。

さらに広がる SDGsに関わる取り組み

金沢大学では、ここまでで紹介したような取り組み以外にも、SDGsに関するさまざまな教育・研究活動を行なっています。

たとえば、本書監修者である堤先生が指導している学生は、国連児童基金（UNICEF）、国連訓練調査研究所（UNITAR）、国連開発計画（UNDP）、国連大学（UNU）、世界保健機関（WHO）などと連携して、多様性の包摂をめぐる多くの活動を実施しています。

これらの研究や活動などから得られた成果と、資源や文化に恵まれた地域の特色を生かし、金沢大学はSDGsのゴール達成に向けて、着々と歩みを続けています。

若者によるラジオを通じて地域を巻き込む

日本では、持続可能な社会を推進するすぐれた取り組みを世界中に発信していくことを目的に、SDGsの達成に取り組んでいる都市を「SDGs未来都市」として選定し、さらにその中でもとくに他を先導するような取り組みを「自治体SDGsモデル事業」としている。神奈川県にある小田原市は、2019年にそのいずれにも選ばれた。

それを受けて小田原市では、「小田原市SDGs未来都市計画」を作り、これまでに取り組んできた「持続可能な地域社会」をさらに進化・加速させていこうとしている。その取り組みのひとつとして、FMラジオを通じてSDGsの理念を地域の人に伝えているふたりの若者がいる。ここではそのふたりに注目し、その活動を紹介する。さらに小田原市にも取材し、行政としての取り組みも示す。

●Profile
ももか（佐藤萌々花）さん
「Think MIRAI—おだわらSDGsユース・レイディオ—」のパーソナリティー。「ノンブランド小田原」所属、小田原SDGs次世代メンバー、小田原100人カイギ実行委員。小田原の活性化と地域の問題解決を目指し、フードロス解消や歴史の継承など、若者だからこそできることに挑戦中。

●Profile
さとし（飯山智史）さん
→14ページを参照。

高校生と大学生が運営するSDGs啓発のラジオ番組

　まず、番組を手がけている大学生のさとしさんにお話を聞いた。じつはこのさとしさんは、14ペー

ジで紹介した「エンパワー・プロジェクト」の共同代表を務める飯山智史さんのことだ。

　「わたしたちは、FMおだわらという放送局で放送されているラジオ

番組『Think　MIRAI―おだわらSDGsユース・レイディオ―』（毎週金曜日の22：00～22：30に放送）という番組で、理想の2030年とその先の社会を次世代の視点で考えていこうとしています。エンパワー・プロジェクトのメンバーであるわたしと、高校生のももかさんとのふたりでこのラジオ番組のDJをやっています。

わたしは2020年の新型コロナ感染症予防のための外出自粛期間中に、よくラジオを聴いていました。昔からラジオが好きだったんです。そこで、エンパワー・プロジェクトの一環としてラジオを通じた発信を始めたいと思いました。ちょうどそのとき、小田原市がラジオ番組のリニューアルを図っていて、番組のパーソナリティとして企画と進行を行なうことになったんです。テーマはずばり『SDGs』。これには裏話も少しあって、小田原の実家に帰った際、ラジオを聴いていることを知った父に、『そんなに好きなら、ラジオをやってみればいいんじゃない？』と言われたことも始めたきっかけのひとつです。

小田原市の、若者を巻き込んでSDGsの理念をわかりやすく伝えたいという思いと、わたしの、エンパワー・プロジェクトや『誰ひとり取り残さない』世界のためにできることを広めたいという思いがうまくつながったのです。思いはかなうものですね」

次に、さとしさんと一緒にラジオをやっている高校生のももかさんにも話を聞いてみよう。

「小田原市SDGs実行委員会の次世代メンバーとして会議に参加したことがきっかけで、ラジオでパーソナリティーを務めるようになりました。ラジオを通じて、SDGsの考え方の素晴らしさと身近さに驚き、それがまだまだ周知されていないことにもどかしさを覚えました。**SDGsが目指す目標は、けっして難しいものではありません。**わたし自身、SDGsを初めて知った

きは、大層なものだと思っていました。ラジオで発信する立場として、勉強する中でいままでのなにげない行動が目標につながることがわかりました。たとえば、使っていない部屋の電気を消すとか、蛇口をこまめに閉めることもSDGsにつながります。このように、ちょっとしたことから始めればいい、ということをみなさんに伝えていきたいです」

SDGsの自分ごと化に向けた小田原の取り組み

小田原市では、身近なところからSDGsを知り、学び、活動につなげていく、SDGsの「自分ごと化」に取り組んでいる。

特徴的な取り組みのひとつに、SDGsを体感する「おだちん」がある。これは、スマートフォンなどで「まちのコイン」というアプリを使ってSDGsにつながる取り組みに参加すると、コミュニティ通貨のような「おだちん」をもらったり、使ったりできる仕組みで、**人と人、地域と人、地域を良くしたい想いがつながることを目指している。**現在、そのユーザーは2,300人を超えているそうだ。

ももかさんが活動している団体では、フードロスになりそうなブルーベリーを使ったアイスティーとカップケーキを市内飲食店や農家さんの協力のもと販売するイベントを実施し、参加したみなさんに「おだちん」を配布したという。

また、海がある小田原では、ビーチクリーンイベントにも活用されている。「おだちん」は、社会的なイベントに参加するきっかけとなり、市内外から、そして子どもから大人まで多くの人が参加している。清掃活動の後は、「ひものバーベキュー」で新たなつながりも生まれている。

これらの取り組みは、市民を巻き込んでSDGs活動を実践してもらう、参加型の活動だ。だから、実際に参加してもらうことが重要だ。そのために、まずは参加者を募ることが重要になってくる。そのため

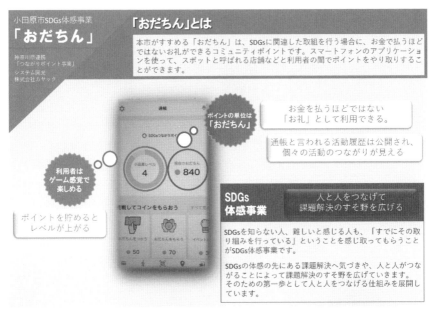

「おだちん」は、スマートフォンのアプリを通じてやりとりする。

には、「おだちん」という取り組みがあることをまず知ってもらうこと、そしてSDGsを自分ごと化していくきっかけが必要で、SDGsの目標である2030年を生きる次世代のふたりが、ラジオを通じてそのことを発信しているのだ。

最後に、もう一度さとしさんの言葉を紹介しよう。

「みなさんも、住んでいる地域の情報を集めるために、ラジオに限らずアンテナを張ってほしいですね。

まず、**知ろうとしないと情報は得られません。情報をキャッチするには、自分から動くことが必要**ですね」

さとしさんとももかさんは、ラジオを通じて、SDGsに取り組む方と出会い、自分自身の学びを深めるとともに、**身近なところからSDGsの「自分ごと化」を発信し続けている**。まさに、小田原が掲げるSDGs推進のキービジュアル「Think MIRAI － 小田原から未来を考える－」を体現しているのだ。

国際的な課題に取り組む 国レベルの活動

SDGsは、ここまで紹介したような企業や大学、また自治体だけでなく、国レベルでの取り組みも当然、必要になってくる。そこでここでは、独立行政法人の国際協力機構（JICA）がSDGsをどう捉え、活動しているのかを紹介しておこう。

● Profile
国際協力機構（JICA）

正式名称は、独立行政法人国際協力機構。略称はJICAで、「ジャイカ」と読む。政府開発援助（ODA）の実施機関のひとつ。「開発途上地域等の経済及び社会の発展に寄与し、国際協力の促進に資すること」を目的としている。

世界の10人に1人は 1日200円以下で暮らす

いまの日本では、経済活動と無縁に暮らしている人はほとんどいないだろう。たとえば、コンビニやスーパーなどで買い物をする、つまり、お金を払ってモノを買うという行為も、立派な経済活動だ。

だが、世界に目を向けてみれば、買い物をしたくてもお金がない人もたくさんいる。

2017年時点で、1日を1.90ドル（日本円に換算すると、約200円）未満で暮らしている人が6億8,911万人もいるという。これは、世界人口の約9.2%にあたる。**世界の**

人口が100人だったとすると、そのうち9人が、そのような貧困状態にあるのだ。

また、日本のようにお店に行けば商品が豊富にそろっていて、欲しいものがなんでも買える国ばかりではないことも知っておかなければならない。世界の中には、商品自体が不足している国や地域もたくさんあるのだ。さらに、経済活動を根底で支えている電気や水道、道路などのインフラの整備が不十分な国や地域もたくさんある。

開発途上地域の発展を支援するJICAの活動

そこで、そういった貧困層の多い国や地域を支援したり、援助したりすることで格差をなくそうとする組織や機関が世界中にいくつも存在する。日本の国際協力機構（JICA）も、そのひとつだ。

JICAは、開発途上地域の経済と社会の発展を支援することを目的とした、外務省と関係の深い組織だ。JICAのこれまでの主な活動は、次のようなものである。

（1）資金協力

開発途上国に対する資金協力。2種類あり、ひとつは開発のための資金を低金利・長期で貸し付けを行なうというもの。もうひとつは、病院や学校、道路などを造るための資金を無償で贈与するというもの。

（2）技術協力

開発途上国に専門家を派遣する。もしくは、開発途上国から研修員を招いて、それぞれの国で必要とされている知識や技術に関する研修を行ない、人材育成を支援する活動。また、開発に必要な機材の提供などもする。

（3）ボランティア派遣

青年海外協力隊（JOCV）やシニア海外協力隊などのボランティアを海外に派遣する活動。

その他にも、JICAは開発途上国で地震や台風などの大きな災害が発生したとき、国際緊急援助隊（JDR）を組織し、被災国に派遣。

被災者の救済や医療の支援なども行なっている。

JICAが中心になり取り組むSDGs

前身である国際協力事業団の時代から数えると約半世紀にもおよぶ、これまでの**JICAの活動は、人間の安全保障を目指すもので、どれも「誰ひとり取り残さない」という目的に沿ったものであり、SDGsの精神を先取りしたようなものだ。**

そのため、2015年に国連でSDGsが採択されると、JICAは組織としてSDGsへの取り組みを重視する方針を打ち出した。

たとえば、ゴール8（経済成長・雇用）でのJICAの取り組みは次のようなものだ。

経済が発展するためには、働く人の技術や知識が高くなければならず、教育が重要になってくる。だが、貧しい国や地域の多いアフリカでは、中等教育就学率は33.7％と、日本などとくらべるとかなり低

JICAの知見・強みを生かす分野で中心的役割を果たす：10のゴール

2	飢餓・栄養
3	健康
4	教育
6	水・衛生
7	エネルギー
8	経済成長・雇用
9	インフラ・産業
11	都市
13	気候変動
15	森林・生物多様性

JICA SDGsポジション・ペーパー「SDGs達成への貢献に向けて：JICAの取り組み」, p13「参考：各ゴールについての方針（各ゴールの位置づけ）」をもとに作成。

い。そこでJICAは、それらの国・地域に対して、基礎教育から職業訓練、高等教育（工学系など）といった教育分野全般の支援に力を入れ、人材育成を図っている。また、高い教育を受けても、労働環境が劣悪な場合もある。そこで、JICAは、安全な職場環境や十分

東京・市ヶ谷にある「JICA地球ひろば」では、世界が抱える貧困や病気、教育、環境などの問題について、わかりやすく学ぶことができる。

な給料の保証などの実現にむけた支援にも力を入れている。

あるいは、ゴール9（インフラ・産業）に関して、JICAは次のような取り組みをしている。アジアやアフリカの開発途上国では製造業が発展するうえで課題がある。そこでJICAは、日本の製造業における品質管理や生産性向上のノウハウを積極的にそれらの国に伝え、ま

た工業化のために必要な安定した電力供給や道路、港などの建設・維持管理も支援している。

JICAはSDGsのすべてのゴールについて、民間企業や市民団体と協力しながら取り組んでいる。

このように、開発途上国や地域に対するJICAの果たしている役割は大きい。

関連するSDGs	
4	質の高い教育を みんなに
5	ジェンダー平等を 実現しよう
10	人や国の不平等を なくそう
17	パートナーシップで 目標を達成しよう

多様性の大切さを訴える「セサミストリート」

初歩の英文法や算数を学ぶことができるアメリカの子ども向け教育番組「セサミストリート」。だが、同時にこの番組は、50年以上も前から「多様性の大切さ」をテーマに掲げ続けてきた。そんな番組の歩みを紹介しよう。

● Profile
セサミストリート

未就学児を主な対象にしたアメリカの教育番組。制作は非営利団体のセサミワークショップ。1969年にアメリカで放送が始まると、その質の高い内容と豊かな音楽性が評価され、現在まで半世紀以上にわたって続く人気長寿番組となった。さらに、アメリカ国内のみならず、日本をはじめとする世界160以上の国と地域で放送され、人気を博している。

多様性を体現する
さまざまなマペット

番組タイトルの「セサミストリート」は、ニューヨーク・マンハッタンにあるとされる架空の通りの名だ。この通りにあるテラスハウスで暮らす人間とマペット（操り人形）たちが繰り広げる寸劇や音楽劇を通して、見ている子どもたちはさまざまなことを学んでいくという内容になっている。

この番組で学ぶことができることのひとつが、初歩の英文法や初歩の算数だ。これは、**半世紀以上前**

に番組が始まったときに制作スタッフが目指したものが、「**就学前の基礎教育のための番組を作り、家庭収入の違いによる教育格差を縮めること**」だったためだ。その精神は、現在も引き継がれている。

そもそも「セサミストリート」の「セサミ」とはゴマという意味。『アラビアンナイト（千夜一夜物語）』の「アリババと40人の盗賊」の中に出てくる呪文「開けゴマ（open sesame）」からきている。そして、「宝物が隠されている洞窟が『開けゴマ』の呪文によって開いたように、この番組によって子どもたちに新しい世界や知識の扉を開いてほしい」という願いを込めて、番組タイトルがつけられたのだ。「収入の違いによる教育格差を縮める」という番組のテーマ自体、SDGsのゴール4「質の高い教育をみんなに」を先取りしたものといえるだろう。そしてもうひとつ、この番組が重視し続けてきたのが「多様性」だ。

舞台となっているセサミストリートには人間たちと一緒に、黄色い巨大な鳥のビッグバードや、とても元気で真っ赤なモンスターのエルモ、食いしん坊な青いモンスターのクッキーモンスターなど、多種多様なマペットたちも暮らしている。これらのキャラクターたちの外見や色が違っているのは、見た目の違いやジェンダーなどで差別をしない、多様性を尊重することの大切さを番組が強く訴えているためだ。

セサミストリートで暮らす仲間たちは、おたがいの違いを否定することなく、ひとりひとりの良い点を見つけていく。そこには、**異なる個性が交わることで生まれる新たな価値観が、より良い世界を作る**という信念が貫かれている。つまり、「セサミストリート」ではSDGsにおけるゴール5「ジェンダー平等を実現しよう」やゴール10「人や国の不平等をなくそう」、ゴール17「パートナーシップで目標を達成しよう」

といったテーマを、番組スタート時点から子どもたちに伝え続けているのである。

そのため、番組では英文法や算数といった学校の授業で学ぶようなことだけでなく、人種差別や男女格差、経済格差といった深刻なテーマも正面から取り上げてきた。

■ 子どもたちの置かれた現実を直視するまなざし

そんな「セサミストリート」には、**時代ごとに社会が抱える課題を象徴するキャラクターが必ず登場してくる**。障害や病気を抱えているマペット、あるいは複雑な家庭環境の中で育ったマペット、さらには貧困生活を送っているマペットなどが、レギュラーメンバーに交じって普通に登場してくるのだ。

2017年に登場したジュリアは、歌うことが好きで、いつもお気に入りのウサギのぬいぐるみを持っている自閉症の女の子のキャラクターだ。主要キャラクターのエルモはジュリアと上手にコミュニケーションを取り、やがて彼女の個性を理解し、尊重して仲良しになる。

2019年には、母親が薬物中毒のため里親と暮らしているカーリというキャラクターも「セサミストリート」の仲間入りをした。これは、アメリカで11歳未満の子ども約570万人が薬物中毒の親とともに暮らしているという現実を反映したキャラクターだ。

その他、母親をエイズで亡くしているカミという女の子、父親が刑務所に入っているアレックスという男の子、貧しさのあまり家を失ってホームレスになったリリーという女の子などのキャラクターが2000年代以降、次々と番組に登場している。これらはすべて、アメリカの、さらには世界中の子どもたちが置かれている多様な現実を反映したものなのである。

しかし、そんな彼ら彼女らは明るく前向きに生きており、セサミストリートの仲間たちも分け隔てなくつきあっている。これらのキャラク

ターたちは、現実でそういった深刻な問題を抱えている人たちへの差別をなくし、ともに助け合って生きて行こうというメッセージが込められて登場したものだ。このことからも、「セサミストリート」が一貫して「多様性」を重視していることがよくわかる。

■ テレビを飛び出して さらに広がる世界

さらに近年、「セサミストリート」はテレビの世界を飛び出し、実際の教育現場でも「教育格差の解消」の実現や「多様性の大切さ」を訴える活動をしている。

たとえば、2020年2月から中東地域で難民の子どもたちに向けた新たなプログラムが始動した。これは、難民の子どもたちのためのテレビ番組を放送すると同時に、**テレビのない家庭にも届くよう紙の教材や対面などのプログラムも提供するという**ものである。

また、日本では「セサミストリートカリキュラム」がいくつかの小学校で実施されている。これは、小学校の6年間の授業を通して、セサミストリートのキャラクターたちとともに現実社会の問題を子どもたち自身が考えながら、解決策を探るというものだ。この授業によって子どもたちは、障害のある人や、LGBTI、男女格差などについて考え、「多様性の大切さ」を学んでいく。

SDGsという言葉が誕生する前からSDGsの精神を体現していた「セサミストリート」は、その歩みを止めることなく、いまも世界中に広がり続けている。そして、厳しい現実社会の問題をごまかすことなく、きちんと向き合ってきたからこそ、子どもたちはもとより、大人たちの心もとらえ続けているのだ。

関連するSDGs	
3	すべての人に健康と福祉を
4	質の高い教育をみんなに
10	人や国の不平等をなくそう
17	パートナーシップで目標を達成しよう

「喜び」と「感動」をどんな人にも届けたい

より良い未来のためには、ひとりひとりの心に訴えかけることが大切だ。そこに欠かせないのが芸術や文化の力。ここでは、「生きることの喜び」や「人生の感動」を日本全国の人に伝えようと、長年さまざまな活動を展開している劇団四季の取り組みを紹介する。

劇団四季は、あらゆる人が演劇を楽しめるよう、鑑賞サポートつきの公演や、離島や被災地の子どもたちのための公演などの、温かく先進的な活動をしている。まさに『ライオンキング』のように、日本中を生命の歓喜に包みこむミュージカルやストレートプレイ（芝居）の力を通して、人々に感動を与えている。

● Profile

劇団四季（げきだんしき）

俳優・技術スタッフ・経営スタッフなどのべ約1,400名で組織された、世界的に見ても最大規模の演劇集団。専用劇場を持ち、ストレートプレイ（芝居）、オリジナルミュージカル、海外ミュージカル、ファミリーミュージカルなど幅広く上演する。年間の総公演回数は3,000回以上、総観客数は300万人を超える。

良質の舞台作品を世に出す目的のもとに集まった演劇集団

劇団四季は、1953年7月14日、フランス革命記念日に「演劇界に革命を起こす」という志を持つ10人の学生によって創立された。

演劇は、劇場で制作者や演者と客席に座る観客がともに作り上げるもの。その意味で、**演劇ほど社会と深く結びつき、社会に生きる人々の心と生で響き合う芸術はないだろう。**

劇団四季（以下、「四季」）のメンバーは、「演劇の市民社会への

代表作のひとつ『ライオンキング』。

復権」「舞台成果による経済的自立」「文化の一極集中の是正」という3つの理念を掲げ、演劇を通じて、「喜び」と「感動」を日本全国の人に伝えるため、あらゆる努力を行なっている。

四季が、年間300万人強という一劇団としては日本最大の観客動員を実現しているのは、作品のクオリティを最優先に考える舞台作りにその要因がある。

スターの知名度を生かしたキャスティングをせず、知名度よりも観客を感動させる技術と能力を優先。厳格な実力主義のもと、**すべての実力ある俳優たちに門戸を開き、公平なオーディションを通してキャストを決定する。**

四季の社員は女性の割合が多く、男女別労働者の女性は76%（2020年9月現在）。管理職における男女の割合も、女性が41%となっている（2020年9月現在）。劇団自体が多様な人でなりたっているのだ。

また、演劇をもっと身近に感じてもらうために全国各地で上演を行なっている。日本では、舞台芸術などの文化活動が東京周辺に集中しがちだが、この傾向を是正するため、創立以来、日本全国での公演を積極的に行なってきた。全国各地に専用劇場を展開しているのもそのためだ。

これまで四季が公演に訪れた都市は、北は北海道の利尻島から、南は、沖縄の石垣島・宮古島まで、約700か所。また全国各地に専用劇場を持ち、仙台・静岡・広島・

福岡にオフィスを設置、日本全国に感動を届けている。

豊かな社会を実現するため公共的な活動を展開

　四季はまた、豊かな社会の実現のため、公共的な活動にも力を入れている。その先駆けは、公益財団ニッセイ文化振興財団が主催の児童招待公演「ニッセイ名作劇場」だ。これはいまから半世紀前の1964年、東京・日比谷の日生劇場でスタートし、2014年までの半世紀で総計4,969回を上演した。通算の観劇学校数と児童数は、のべ1,798校、777万人にも及ぶ。

　この精神は、一般財団法人舞台芸術センターと四季が主催する「こころの劇場」へと引き継がれ、**子どもたちの心に、「生命の大切さ」「人を思いやる心」「信じあう喜び」を、舞台を通じて伝えている**。この趣旨に賛同した企業や団体の協力で、年間400回以上、約56万人の子どもたちへ感動の輪を広げている。

展開する地域は日本の津々浦々で、プロの舞台に触れる機会のほとんどない離島などの地域でも公演を行なっている。

　また、日産労連NPOセンター「ゆうらいふ21」の主催によるクリスマスチャリティー公演もある。「心身にハンディキャップのある人にも本物の舞台を見てもらいたい」という思いから、日産労連の組合員が毎月100円ずつ積み立てた福祉基金などで運営。1976年以来、毎年のクリスマスシーズンに上演している。組合員がボランティアとして、当日の舞台設営や来場者誘導などの運営に携わることも、大きな特徴だ。

　ほかにも四季では、「美しい日本語の話し方教室」を開催している。これは、小学5、6年生の子どもたちを対象にした出張授業だ。俳優が実際に小学校を訪問し、劇団の方法論を用いて「話し言葉としての日本語を明晰に話す」ための実践的方法を教えている（2020年か

『ノートルダムの鐘』。©Disney　撮影：上原タカシ

らは新型コロナウイルス感染拡大防止のため、「こころの劇場」「美しい日本語の話し方教室」を中止）。

上演する作品も多種多様

　四季では作品自体も多様なテーマを扱う。たとえば『ノートルダムの鐘』は、15世紀末のパリを舞台に、その容貌からノートルダム大聖堂の鐘楼に閉じこめられたカジモドと「ジプシー」の踊り子エスメラルダをめぐる愛を描いた物語だ。

　ほかにも、戦争という昭和の歴史を語り継ぎ、平和への祈りをこめたオリジナルミュージカル、昭和の歴史三部作の『ミュージカル李香蘭』『ミュージカル異国の丘』『ミュージカル南十字星』もある。戦争の悲劇を忘れないため、熱いメッセージをこめて、繰り返し上演されてきた。

あらゆる人が観劇できる対策も

　ところで、小さな子どもに舞台を見せたいと思っても、子どもがうるさくしてしまわないか心配で、観

劇をあきらめてしまう人もいる。そこで四季では、小さい子ども連れでも安心して観劇できるサービスも行なっている。

上演中、子どもが泣いたときなどには、客席後方にある親子観劇室で、気がねなく見られるように配慮。大声で泣いたりした場合は、ロビーで休むことになるが、ロビーには舞台を映すモニターが設置されている。

また、四季の専用劇場には、各劇場に車いすスペースが用意され、車いすのまま観劇できる。

また、一部の公演ではスマートグラスを使用した多言語字幕サービスも行なっている。これは、**訪日外国人や聴覚障害がある人も舞**

字幕グラスを通して観劇したときのイメージ。©Disney

台を楽しめるよう実施されており、「英語」「韓国語」「中国語（簡体字・繁体字）」「日本語」に対応している。

このスマートグラスは、独自に開発したディスプレイを用いることで、「字幕が空間に浮かんで見える」感覚で鑑賞できる（2021年3月現在、新型コロナウイルス感染拡大防止のため貸出停止中）。

被災地での公演と子どもたちとの交流会

2011年には、東日本大震災の被災地で、『ユタと不思議な仲間たち』を上演した。この作品の舞台は、震災の被害が大きかった東北だ。天災のため現世で生きることがかなわず座敷わらしとなったものたちと、いじめに苦しむ東京からの転校生・勇太（ユタ）との心の交流を描く四季オリジナルのミュージカルである。

この公演では、被災地へ元気を届けたいというその

『ユタと不思議な仲間たち』（2011東北特別招待公演）。

思いを象徴するように、キャストも東北出身者を中心に構成された。

　同プロジェクトでは、被災した子どもたちを中心に計1万3,191人を招待。翌2012年も、前年に訪れることができなかった被災地を中心に特別公演を実施して8,027人を招待した。会場となったのは、主に公立学校の体育館。床に地座りして観劇し、観客と同じ目線で演じられる舞台は、手を伸ばせば触れられるほどの距離で、俳優の息づかいを感じることができた。

人生讃歌をテーマにしたさまざまな作品群

　四季では、1953年の創立以来、「人生の感動」と「生きる喜び」を観客に届けるために総力を挙げて挑み、数々の大ヒット作品を生み出してきた。

　今後も良質の作品を通して、社会全体に生きる希望を届けてくれるだろう。

多様な人の芸術活動を支援する

神奈川県では、2016年に、すべての人がともに生きる社会の実現を目指し、「ともに生きる社会かながわ憲章」を定め、文化芸術の分野において「ともに生きる　ともに創る」を目標に、「共生共創事業」を実施している。神奈川芸術劇場（通称KAAT）は、神奈川県からこの事業を受託して運営している。ここでは、KAAT共生共創課の佐藤さんにお話を伺った。

● Profile
佐藤泰紀（さとう・やすのり）さん

公益財団法人神奈川芸術文化財団　KAAT神奈川芸術劇場　共生共創課

1983年、千葉県生まれ。大学卒業後、横浜市の文化施設「STスポット」や横浜市創造界隈拠点「急な坂スタジオ」の勤務を経て、2016年より3年間「STスポット」の館長を務めた。2019年より公益財団法人神奈川芸術文化財団に所属し、主に神奈川県からの委託事業「共生共創事業」の企画運営を担当している。
共生共創事業は「年齢や障害などにかかわらず、すべての人が舞台芸術に参加し楽しめる」ことを理念に掲げ、劇場公演やワークショップ、動画配信などを実施している。

多岐にわたるKAATの取り組み

　KAATでは、神奈川県の委託を受けて、誰もが参加できる芸術活動を行なうための事業を運営しています。

　「誰もが参加できる芸術活動」の背景には、神奈川県が定めた「ともに生きる社会かながわ憲章」（93ページ下の囲み記事を参照）があり、さらにその実現を目指すために「共生共創事業」があります。

一見、共生共創と我々のような劇場が携わっている文化芸術活動は、あまり関わりのないものに思えるかもしれません。しかし、「ともに生きる ともに創る」を目標に、年齢や障害などにかかわらず、子どもから大人まですべての人が、舞台芸術に参加し楽しめるような役割を果たしているのです。

この事業が始まった2018年度には、国内外から障害のある人やシニアの方が参加している舞台を招いて公演を行ないました。

2019年に実施した、平均年齢72歳の男声合唱団のコンサートや、ダウン症のある人たちの演劇や音楽のライブ、健聴者と難聴者が一緒に演じる舞台などがその具体例です。さらに、県内の拠点で高齢者を中心にしたシニア劇団やダンスプロジェクトを立ち上げ、運営しています。このシニア劇団は、神奈川県の横須賀市と綾瀬市を拠点にしています（2020年度からは、小田原市でも開始）。

しかし、2019年度末からは新型コロナウイルス感染拡大防止のため、公演などができない状態となってしまいました。そこで現在は、オンラインでの作品発表が進んでいます。

ともに生きる社会かながわ憲章

● 私たちは、あたたかい心をもって、すべての人のいのちを大切にします

● 私たちは、誰もがその人らしく暮らすことのできる地域社会を実現します

● 私たちは、障がい者の社会への参加を妨げるあらゆる壁、いかなる偏見や差別も排除します

● 私たちは、この憲章の実現に向けて、県民総ぐるみで取り組みます

伝わらないことが
あることをつねに意識する

　わたしは、KAATに関わる前は横浜市内の劇場の館長をしていました。じつは以前の仕事では、障害者や高齢者と直接関わることはなく、若い芸術家を支援するというのが主な役割でした。その経験から、相手とどのように対話するかをつねに考えるようになったと思います。KAATでの仕事も、その経験を生かしてスムーズに携われている気がします。

　そこで大切にしていることは、よく人の話を聞くことです。相手を完全に理解することはできませんが、

とことん　個性、舞台ぞくぞく。

ともに生きる　ともに創る
共生共創事業

「共生共創事業」の理念をあらわしたロゴ。「個性」の文字から始まる半円は、舞台を照らすスポットライトをモチーフにしている。

相手の行動や発言だけでなく、その人の背景を想像しながら、その人たちにどういう言葉を投げかけるのが適切かを考えています。

　たとえば外国人と仕事をするときは言語を翻訳しますが、こちらの伝えたいことが本当に伝わっているとは限りません。日本人同士でも同じ意味で言葉を使っているかはわかりませんよね。相手にこちらが伝えたいように伝わっているかはわからないので、伝わらないことがあることをつねに意識することが大切だと思います。

自分とは違った人を
排除しない社会が理想

「共生社会」という言葉を、誰もが言わなくなるような社会がくるといいな、と思います。

　共生の「共」には、手をつなぐ、輪を作るというイメージをもっています。でも、輪を作ると境ができて中と外に分かれてしまいます。

　たとえば、2021年のいま、日本では新型コロナ感染症拡大防止の

NPO法人ドリームエナジープロジェクト『21番目の素敵な出逢い』（2019年8月）の公演風景。

ための緊急事態宣言が出ていたりしましたよね。でも、宣言をすべての人が強く意識しているかというとそんなことはない。自分とは考え方が違う人を、排除しない社会が理想です。

わたしがこの事業に関わってすぐ、発達障害やダウン症のある人たちを中心とした舞台を行ないました。そのけいこ場に立ちあっていたとき、彼らひとりひとりがポーズやせりふの言い方にこだわりを持っていて、各々が自分なりの「かっこよさ」を追求していると感じました。

現代社会では、「かっこいい」という言葉からイメージされるものは、一様な型にはめられたものになってきているように感じられます。そういう意味では、ここでいう「かっこよさ」は一般的にイメージされるような意味合いとは違うかもしれません。しかし本当は、**「かっこよさ」というものは障害のあるなしにかかわらずひとりひとりに存在している**はずです。たとえ相手がかっこいいと思っていることを理解できなかったとしても、まずはその人がかっこいいと思っていることを受け止める。そこから始めれば、おのずと共生社会というものの姿が見えてきて、みんなが生きやすくなっていくんだと考えています。

目の前にいる人と
仲良くしたい！

SDGsは、海外など遠くにいる困っている人に対して行なうものだと考えている人も多い。でも、それは間違いだ。目の前にいる、自分とは違う背景をもつ他人と仲良くなる——そんな考えの積み重ねが、社会を変える一歩になる。ここでは、富山県でどんな人も受け入れるコミュニティハウスを開いている宮田さんに話を伺った。

● Profile
宮田隼（みやた・じゅん）さん

コミュニティハウスひとのま代表

2005年、日本福祉大学情報社会科学部（現：健康科学部）を卒業。その後、学習塾を運営する会社に就職し、そこで不登校や引きこもりの子どもたちの話を聞くうちに、「こういう話を聞けるところってあんまりないなあ」と思い、個人で塾を起業した。
代表を務めるコミュニティハウスひとのまは、2011年、富山県高岡市でスタート。小さな一軒家にさまざまな人たちが集まってくる。最初は不登校や引きこもりの子どもたち。そのうち、刑務所から出所した人、ドメスティック・バイオレンス（DV）の被害に苦しむ人など、多種多様な背景を持つ人が集まる大切な「居場所」になっていった。

誰もがホッとできる
居場所を作りたい

　妻が富山県出身だったこともあって、富山県で学習塾を開いたんです。もともとは、非行少年・少女と呼ばれる子どもや引きこもりの子どもたちなどの声も聞ける環境になればいいなと思って始めたのですが、気がつけば子どもだけではなく、30歳を過ぎた引きこもりの人を預かってもらえないかという相談も、持ちかけられるようになりました。「ああ、いいですよ」と受け入れているうちに、塾は子ども

と大人が半々というようなことになりました。そうして**いろいろな人が集まるようになり、塾の先生という立場でなく人を迎えたくて、「ひとのま」を開設しました。**

オープンした当初、ひとり暮らしの高齢者や、人とコミュニケーションをとるのが苦手で引きこもりがちになっている人などがホッとできる場所になったらいいなと思っていました。

それから10年経って、**ホームレスで満足にごはんを食べられない人や、ドメスティック・バイオレンス（DV）の被害者など、想定していなかった人たちもたくさん来てくれるようになりました。**こういった人は、市役所などを経由して来る場合が多いんですね。

市役所の生活保護課から「生活に困っている方がおられて、ひとのまさんのほうでなんとかならんですかね？」と相談を受けて引き

受けていたら、いっぱい来るようになったんです。

そんな人たちになにができるかなと考え、**週3日みんなで晩ごはんを作って食べるという取り組みを思いつきました。**この取り組みでは、ここに来ている子どもたちも一緒に食べているんですよ。

ほかにもイベントを企画する人もいるし、自由に使ってもらっています。まさに「人」の「間」ですね。

▌活動する中で大切にしていること

家を開けて「誰でも来ていいよ」と呼びかけたら、結果的になにか

「ひとのま」でにぎやかに語り合う大人と子どもたち。

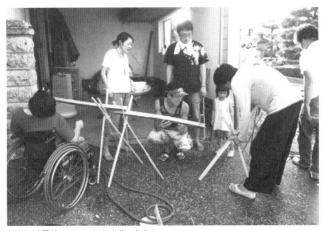
ときには屋外でイベントをすることも。

しら困っている人が集まってきました。そんな人たちと話をしているうちに、「できることがあったらやるよ」と伝えたら、いまのようになったというのが実情です。つまり、わたしにもできることがあったんですね。

最初はお菓子などを用意しておもてなししようと思っていましたが、そんなことより、「配慮しないこと」が大切だと気づかされたのです。

そして「配慮しないこと」は、**ここに来るすべての人たちを最大限に信頼しているという気持ちのあらわれ**だと気づきました。その信頼は、ここに来る人にとって、他の

場所では得られないものだったのかもしれません。

わたしは、どんな人でも会ったら仲良くなりたいと思います。刑務所から出てきた人でも引きこもりの人でも、どうやったら仲良くなれるかと考えると、本人が困っているところにさっそうとあらわれて、「なにか困ったことがあったら手伝うよ」と言えばいい。**相手のためというよりは、自分が仲良くなりたいから**です。

多様な人と出会い、「自分ごと」として考えてほしい

ひとのまでは、**学校では絶対出会わなかったような人たちと出会えます。そんな経験があれば、社会に出たときにどんな人と出会ってもびっくりしないでしょう。**

不登校の子などと話をするときは、

「学校に行かない理由」「学校に行く理由」を一緒に考えるんですが、そんな子たちは、学校での「人間関係作り」より「ひとのまのほうが幅広い人間関係ができる」と言ってくれていますね。

殺人を犯して服役し、刑務所から出てきたような人も来ます。人を殺してしまった理由もその人の口から話してもらい、子どもも含め、ひとりひとりが考えるんですよね。ときには「それって周りの人がひどすぎたのかもしれないね」など、想像をふくらますことができるようになります。

そんな様子を見ていると、「この子たちが大人になった社会は、絶対だいじょうぶだな」と思えます。**多様な人がいて、そんな人たちの話を聞いたり自分ごとのように考えられたりできる人が増えてくれたらよいですね。**

ちょっとした一歩が社会を変える

社会を変えることは、難しいことではないと思います。自分の目の前で困っている人を見かけたら、まず声をかけてみる。話を聞いてみる。ただそれだけです。わたしのやっていることだって、特別むずかしいことでもなんでもありません。小さな一軒家を借りて、それを開放しているだけですから。

そういったちょっとした一歩が、さらに困っている人の話を聞くことが、社会を変えると信じています。それは、誰にでもできることなんです。そのことを知ってほしいですね。

小さな子どもとその保護者が集まって車座になり語り合う。

どんな人にも情報を届けたい！

	関連するSDGs
3	すべての人に健康と福祉を
9	産業と技術革新の基盤をつくろう
10	人や国の不平等をなくそう
16	平和と公正をすべての人に

事例の最後に、「わかりやすさ」を追求した情報発信をしている団体の活動を紹介する。SDGsのどの目標にとっても重要な「コミュニケーションの大切さ」を感じとり、そこから「助け合うことの重要性」を理解したい。スローコミュニケーションという団体で活躍する羽山さんに話を伺った。

●Profile

羽山慎亮（はやま・しんすけ）さん

一般社団法人スローコミュニケーション理事

1985年、愛知県生まれ。名古屋大学大学院修了（文学博士）。学生時代は日本語学の分野から「わかりやすさ」を研究した。2016年から2年間、韓国・慶北大学で日本語会話の授業を担当。スローコミュニケーションの会報で、「わかりにくさ」から日本語を考える「にほんご教室」を連載中。趣味は韓国の音楽を聴くこと。

一般社団法人スローコミュニケーションは、2016年5月、毎日新聞の論説委員だった野澤和弘さんらが設立した。「わかりやすい文章 わかちあう文化」をモットーに、週に1回「わかりやすいニュース」をウェブサイトと専用アプリで配信。役所などから依頼を受けて書類やパンフレットを「わかりやすく」することもある。

むかし、「ステージ」という新聞がありました。知的障害のある子どもを持つ親たちの会「全日本手をつなぐ育成会」で出していた、わかりやすい新聞ですが、団体の事情で2014年になくなりました。その後、「ステージ」に関わっていた人たちが中心になって、**知的障害のある人にも情報を届けたいという目的で作ったのが、スローコミュニケーションという団体です。**

スローコミュニケーションは、週に1回、話題になっているニュースをわかりやすい文章でウェブサイト

に掲載しています。

　ボランティアのスタッフが掲載するニュースを選んで、文章案を作り、メンバー内で文章を吟味してさらに良くしていきます。メンバーには知的障害のある人もいて、その文章で理解できるかなどを確認してもらいます。

スローコミュニケーションの「わかりやすいニュース」。

　ほかにも、役所の書類などをわかりやすくする手伝いをしたり、い

ろんな施設の職員などに知的障害のある人の困りごとや情報のわかりやすさについての研修をしたりという活動もしています。

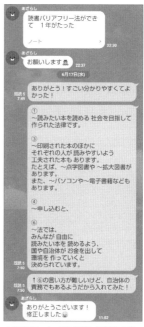

文章案についてLINEで意見交換。

活動の中で
大切にしていること

　わたしはもともと、大学院時代に「ステージ」の記事の文章や、わかりやすい表現についての研究をしていました。そこで、いまのスローコミュニケーションの代表で

ある野澤和弘さんと知り合いました。「ステージ」がなくなったので、誰でも読める情報媒体を作りたいという話から、スローコミュニケーションを設立し理事として加えてもらいました。

スローコミュニケーションでは、**日本語の専門家として、「わかりやすさ」とともに言葉の正確さにも気をつけたいと思っています。**

スローコミュニケーションの役員、障害当事者、協力者で話し合い。

また、活動に関わってくれる知的障害のある人が増えていってほしいです。スローコミュニケーションにとって、知的障害のある人は「わかりにくさ」を教えてくれる大切な存在です。これからも知的障害のある人の気持ちや感覚を知っていきたいですね。

気軽に助け合える社会になってほしい

スローコミュニケーションで研修をするときに、参加者全員で考えてもらうことがあります。

日本では、「助けてもらうのが恥ずかしい、みんな大変だから迷惑をかけてはいけない」といった考えが強いですよね。それに**障害のある人に対しては、「助けてもらってばかりで生きている」と思っている人も多いと思うのですが、じつはすべての人がいつも助けられながら生きているんです。**

たとえば、マンションの高いところに住んでいても、エレベーターがあるおかげで毎日階段を使う必要がなくなります。お米や野菜は自分で育てなくても、スーパーで買えるようになっていますよね。

このように、誰しも人の助けなしに生きることは不可能で、日々

シンポジウムなどで講演を行なうことも。

あらゆる助けを受けています。**助け合うことが気軽にできる社会になってほしいと思います**。そして、助けが必要な人を見かけたら、「なにかお手伝いすることはありますか」と言える人が増えてほしいですね。

小学生のほうが 大人より上手なことがある

知的障害や発達障害があって、情報理解が苦手な人は身近にたくさんいます。わたしたちは、情報をわかりやすくしてインターネットや書類などで伝えていますが、それだけでは不十分です。**学校や街中で、情報が伝わりにくい人をサポートしてくれる人が必要です**。

スポーツが苦手な人、工作が苦手な人と同じように、情報の理解が苦手な人もみなさんの仲間です。ぜひ仲間としてサポートしてほしいと思います。**とくに小学生のみなさん、わかりやすい言葉で説明することは、むずかしい言葉をまだあまり知らないみなさんのほうが上手です**。

相手に「伝えたい」と思う気持ちをもって接すれば、きっと伝わります。仲良くしたい、コミュニケーションをとりたいという気持ちがあれば通じ合えるはずです。

横浜市からの委託で作成した図書館利用案内。

グローバル企業の取り組みを知る

誰もが知っている世界的に有名な企業なども、SDGs実現のための取り組みを始めている。グローバルに展開する大企業だからこそできるアクションを知り、それらの企業がなぜSDGsを重要視し、いかに実現させようとしているかを理解し、同時に消費者としてできる協力の方法も知っておこう。

教育や芸術分野での SDGs

SDGs実現のための取り組みは、経済問題や社会問題とからめて語られることが多いが、教育や芸術の分野でもそれらの取り組みが活発化している。大学教育の一環としてSDGsを前面に打ち出していたり、芸術活動の中でSDGsの理念を体現しようとしたりといったアクションの広がりを体感しよう。

国や地方自治体や個人も SDGs のプレイヤー

SDGsのアクションは、企業やNPOばかりがそのプレイヤーであるわけではない。都道府県や市区町村といった地方自治体や、もちろん国の各省庁などもSDGs実現のためにさまざまな取り組みを行なう主役だ。個人の力は大きくなくても、こうした地方自治体や国の取り組みに参加することで、大きな力を生み出せる可能性がある。個人にできることもたくさんあるのだ。

4章

SDGs で実現する
わたしたちの未来

SDGs を達成できたら、未来の世界はどのようになるだろうか。そのとき地球の姿は、人々の暮らしは、そして学校や教育の現場はどのように変化しているだろう？　本章では、SDGs で設定された目標が実現したあとの世界を想像してみよう。さらに、SDGs の真の主役である若い世代へ向けた、熱いメッセージも紹介する。

想像してみよう！　未来の地球・暮らし・経済・学校生活

SDGsが掲げる目標がすべて達成されたら、はたして世界はどのように変わっているだろうか？　ここで未来に目を向けて、想像のつばさを広げてみよう。

　ここまで、SDGsの掲げる理念や、さまざまな取り組みを紹介してきた。それらを読んでSDGsへの理解が深まったのではないだろうか？

　この4章では、もしSDGsの掲げる17の目標がすべて達成できたとき、地球や世界はどんな姿になっているのか、想像を広げながら紹介してみたい。

　その未来は、若い読者のみなさんが大人になったときの地球であり、世界だ。もちろん、未来のことは誰にもわからないし、実際、SDGsの目標がすべて達成できるかもわからない。だが、**自分たちが大人になったとき、どんな世の中になっていてほしいのかを想像するのは、意味のあることだ。**

　SDGsは「未来の世界の目指すべきカタチ」を示したものだ。だからこそ、理想を想像することは、きっと大きな一歩になるだろう。

想像してみよう！ 地球の未来

　SDGsのゴール13「気候変動に具体的な対策を」やゴール14「海の豊かさを守ろう」、ゴール15「陸の豊かさも守ろう」などが達成できたとき、地球はどうなっているだろうか？

　地球温暖化はなんとか食い止められて、南極や北極の氷縮小はゆるやかになり、海に沈む島なども減るはずだ。また、巨大な台風や干ばつなどの異常気象も少なくなることが期待できる。

海では、海産物の捕獲をめぐって海洋資源が枯渇しないようにバランスを取り、さまざまな魚や生き物がいきいきと暮らすようになっているだろう。

一方、陸では、乱暴な開発をやめ、さらに森林を増やしたり、砂漠化への対処をすることで、陸上生物や鳥などの絶滅危惧種も減る。これによって生物の多様性が保たれ、生命の環（わ）が続いていく。その

際、近くに住む先住民の人々の生活や文化も同時に守られる。

想像してみよう！
暮らしの未来

SDGsの目標が達成されると、わたしたちの身近な暮らしも大きく変わる。

たとえば、電気は再生エネルギーの使用が主流となり、レジ袋やテイクアウトの容器、洋服、生活用品のリサイクルなどを通して、む

だを減らし資源を守るようになる。これはゴール7「エネルギーをみんなに　そしてクリーンに」やゴール12「つくる責任　つかう責任」をめぐるみんなの努力で実現できる。

　また、都市部では環境への負担を減らすため、できるだけ公共交通を使うことがより一般的になっているかもしれない。あるいは、環境にやさしい自動車や、障害の有無や老若男女を問わず使いやすい

新しいタイプの移動手段が生まれているかもしれない。そして、あまり二酸化炭素を出さない低炭素都市であると同時に、**若者も老人も暮らしやすく、それぞれがゆるやかに支え合っているような都市が増えている**だろう。そんな街は、地震や噴火などの災害にも強い街だ。その実現を目指しているのが、ゴール11「住み続けられるまちづくりを」だ。

想像してみよう！
経済の未来

SDGsが達成されれば、みなさんが大人になったときの働き方も変化しているだろう。

満員の電車に乗って通勤するようなスタイルは少なくなり、時差通勤や自宅での勤務が普及しているだろう。また、産休や育休制度が充実することで、誰もがワークライフバランスに配慮した働き方ができる社会になっているだろう。そして、ひとりひとりの多様な違いがユニークさとして大切にされ、それぞれの良さを生かして働けるようになる。これは、ゴール8「働きがいも経済成長も」が目指しているものだ。

未来の話だけでなく、すでに**現在、先進的な企業はSDGsを新たなビジネスチャンスと考え、積極的に取り組んでいる**。環境にやさ

しい商品を開発したり、働く人の生きがいを重視した経営をしたり、女性、LGBTI、障害のある人、外国から来た人など多様な人が働きやすく、商品やサービスもそれらすべての人に使いやすいものにすることが大切だし、会社のブランドイメージもアップし、会社としての存在意義に資すると考えているのだ。そのような企業は、この先、ますます増えていくだろう。伝統を大切に、さらに新しいテクノロジーの開発や組み合わせによってこれまでなかったソリューション（問題解決方法）が示されるだろう。

■ 想像してみよう！ 学校生活の未来

SDGsの目標を達成することによって、学校やそこでの生活も大きく変わるかもしれない。それはた

とえば、映画『みんなの学校』のような学校が増えるかもしれないということだ。

この映画は、大阪市住吉区の公立小学校である大空小学校を紹介したドキュメンタリーだ。大空小学校が目指しているのは、「不登校ゼロ」。そのため、特別支援教育の対象になる子も、すぐに教室を飛び出してしまう子も、つい友だちに暴力をふるってしまう子も、誰ひとり排除せず、みんなで助け合いながら同じ教室で学んでいる。

当然、先生の大変さは他の学校よりも増すだろうし、保護者たちの理解も必要だろう。だが、大空小学校のありかたは、SDGsのゴール4「質の高い教育をみんなに」やゴール10「人や国の不平等をなくそう」の理想と一致している。さらにいえば、大空小学校は、SDGsが全体を通して重視している多様性の包摂、すなわち**「誰ひとり取り残さない」ということの実現を目指している**ということでもある。

将来はこういった学校が、もっと当たり前になっているかもしれない。

▌想像してみよう！
▌SDGsのその先の未来

ここまで紹介してきたような未来のカタチの実現は簡単ではないかもしれない。**その答えにたどりつく道筋はひとつではない。**ひとりひとりのアイデア、過去の成功や失敗から学ぶこと、いろいろな人と話し合うこと、テクノロジーを組み合わせたり新しい発見をしたり、新技術を生み出したりすることが助けになる。だからこそ、**ひとりひとりが理想に向けて考えることが大切**なのだ。

そして、SDGsが掲げている目標がすべて達成できたとしても、世界から問題が完全になくなるわけではない。**SDGsを達成したその先の未来がどうなってほしいかも、ぜひ考えてみよう。**じつは、国連ではそろそろSDGsの後の世界についての話し合いが始まろうとしているのだ。

若者が世界を
より良くしてゆく

国連でSDGsの策定に携わった本書監修者の井筒節先生と堤敦朗先生は、若者こそがSDGsの担い手であると語る。そんな若者たちに向けた先生方のメッセージを最後に紹介しよう。

みんなの努力と思いがつまったSDGs

　わたしたちは、SDGsが世界中の全国連加盟国の間で合意されたとき、自分たちにとってのオリンピックが終わったような気持になりました。ずっとそれを目標に、さまざまな人と力を合わせてきたからです。意見の異なる人々の間に立ち、皆が合意できる最大公約数を見つける作業ですから、各々が考えの変更や妥協をすることになり、不満も生じうるので、大変なこともあります。

　でも、SDGsなどの合意ができると、議論を経たみんなの総意ならではの特別な力を発揮してくれるようになります。さまざまな人の意見を反映したものだからこそ、さまざまな人が共感して、力を合わせるきっかけや土台になるのです。そんな仕事に関われたことはとても幸せでした。

　SDGsができた後、わたしたちは、大学の教員になることにしました。SDGsの実施とその先の未来は、若い人たちの手の中にあると考えたからです。目標やルールができた後は、それを実施していくのが重要です。その際はたくさんの人の力が必要ですから、世界の現状を伝え、世界の目指す未来を実現するための仲間作りをしたいと思ったのです。

　子どものころ、パソコンも携帯もなかったわたしたちと違い、みなさんは、

インターネットでさまざまな情報にアクセスでき、多様な人や世界を知ることができます。多様性が価値であると知る若者も増えました。そして、思いをもとに、新しいアイデアを出したり、行動したりする若者がたくさんいます。世界人口の4人に1人が若者のいま、未来がとても楽しみになります。

「なにをすればよいですか？」への「答え」

　未来や世界のことを考えるとき、わたしたちが大切にしていることは、「見えないものに目を向け」、「聞こえない声に耳を傾ける」ことです。人の気持ちや心、思い、積み重ねてきた努力や、文脈・行間は、目に見えにくいものです。そして、ひとつのアクションが、他者の気持ち、別の分野、外国、未来にどのような影響を与えるのかも、なかなか目に見えません。

　たとえば、Aというものを使わなくしようというムーブメントがあった場合、Aによる環境被害は減るかもしれないけれど、かわりに使用するBによる環境被害は短・長期的にないのか、Aをなくすことによる弊害はあるのか、環境以外の分野における影響はどうなのか、傷つく人はいないか、周辺化されがちな人々への害はないかといったことを、エビデンス（科学的根拠）に基づいて検証することが大切です。

　また、情報化社会とはいっても、多くの人々は自分の本当の声を公に発信しませんし、サイレント・マイノリティー（声をあげない少数派）の声は意識的にひろおうとしても難しいくらいです。国連の障害者権利条約で「わたしたちのことを、わたしたち抜きで決めないで」がスローガンとなったように、なにかを決めるときには、さまざまな当事者とともに、いろんな声を反映しながら進めていくことが大切です。

　小論文では、たとえば「賛成」か「反対」かとか、「C」か「D」のどちらかを選んで、論理的に文章を展開する方法を学びますよね。でも、それ

は論理や説得力のある議論の組み立て方を学ぶためのものです。実際の思考では、どちらかに分けられないことも多いですよね。なのに、現実社会でも、ついつい一方の立場をとって、別の立場を批判して、自分の優位性を主張するくせがついていることがあります。実際には、どちらか一方を全肯定する必要も、相手を批判する必要もないのに。自分とは別の立場の人たちの意見を聞き、これまでどんな取り組みがあって、どのような成功と限界があり、それゆえいまはこれがベストと考えるに至ったかの歴史やエビデンスをきちんと知らなくては、長きにわたる誰かのがんばりを批判することなど、簡単にはできないはずです。

　ですから、前向きに、専門家や実務家や当事者に教えてもらいながら、建設的に、たがいに尊重・協力しながら進めていくことが大事であるように思います。わたしたちも、意見を求められたら「いまの段階ではこれが良いように思うけれど、別のオプション（選択肢）もあるかもしれない」といった答えになることが多いのです。白も黒もふまえて、バランスを取ることが大切なんですね。

仲間とロールモデルを見つけよう

　国連で働いていると、大統領や王様から、スターや、難民キャンプで暮らす子ども、暴力を受けた女性、彼らに現場で支援を提供する人など、さまざまな人と出会います。それぞれ「こういう人だろう」というイメージがあるかもしれません。でも、身近にお会いすると、多くの方がひとりひとりの人であるという当たり前のことに気づきます。国のトップやセレブリティーの中にも人前に出るのが苦手な方がいるし、そして、誰だっておなかをこわすこともあるし、トイレにだって行きます。

　そのような世界にいると、人のすごさは立場や見た目ではなく、その人の

思いや行ない、すなわち人間性にあることがわかるんです。そして、その指標は、ネットに溢れているような「これをしました」「すごいでしょう」というアピールよりも、その人をしたっている人、その人のおかげで助かる人、困ったときに力を貸してくれる仲間、大切にしている人の有無などなのだと思います。本当にすごい人は、あまり自己アピールをしないものです。有名だとすごいのではなく、やはり見えないもの、聞こえないところに本質が隠されているように感じます。そういう視点で、ロールモデルや仲間を見つけられるとよいと思います。

　人間は、ときに、自然を破壊し、生物を絶滅させ、物や土地や権力を奪い合い、自分と違うものを差別・攻撃し、大虐殺や戦争に発展させてきました。それも人類の一側面です。でも、街のごみを減らすための活動をがんばったり、森をきれいにして魚や鳥のすみかを守ったり、必要とする人に自分の大切なものを分け、立場を超えて助け合い、誰かを愛し、できることを必死につむいでもいます。その中で、美しい音楽や美術、素晴らしい建築を作ったりもします。そして、それらは言葉なしでも、文化や時代を超えて、人の心の中に感動を与えてくれます。

　わたしたちひとりひとりが、自分と、他者の気持ちを大切に、異国の人々の生活や、未来の人々の夢に思いをはせること。そして共通の目標に向かって、過去の蓄積や、各々の得意なことや違いを生かして、前向きに力を合わせ、アクションに移していくこと。そのきっかけになるのが、2030アジェンダとSDGsです。誰かの苦しみを癒やすことは、自分にも周りにも幸せを与えてくれます。そういうことが連鎖していくと、素敵だと思います。

国際社会が目指す「本当の」SDGs
──「誰ひとり取り残さない」とは

　2015年9月、軍隊による厳重な警備で車が溢れるニューヨーク・マンハッタン。イースト・リバーに面する国連総会の会議場は、特別な熱気に包まれていました。150か国以上から大統領や首相が参加した国連サミットで、「持続可能な開発のための2030アジェンダ」が採択されたのです。「ミレニアム開発目標（MDGs）」が大きな成果を残したことから、これを引き継ぐ「2030アジェンダ」とその「持続可能な開発目標（SDGs）」には大きな注目が集まりました。

　それから5年。日本でも、内閣総理大臣のもと全国務大臣が参加するSDGs推進本部が設置され、官公庁はもちろん、企業、非政府組織、アカデミア（大学などの研究機関）などの市民社会もSDGsに取り組むようになりました。メディアでの扱いも増え、書籍も多く出版されています。

　わたしたちは、国連人口基金やWHOでMDGsの実施に携わった後、国連事務局で精神保健・障害分野のSDGs策定をめぐる調整を担当していました。そのため、「SDGsバッジはつけているが、じつはよくわからない」といった相談

を受けることがあります。また、誤った情報も多く見かけます。
SDGsを正しく理解するためには、その成り立ちを知ること
が役立ちます。

　国連の役割のひとつは、193の加盟国が一堂に会し、世
界の諸課題につき議論・調整し、合意点や最大公約数を見
つける場を提供することです。文化や利害の違いを超えて積
み重ねられてきた合意は、世界共通のルールや共通目標に
なっていきます。そのひとつが、SDGsです。

　時は、冷戦終結後の1990年代。人類は、国際協調への
期待と民族紛争の渦の中、国連を通してさまざまな国際会
議を開催します。90年の子どもサミット、91年の万人のた
めの教育世界会議、92年の環境開発会議、93年の人権会
議、94年の人口開発会議、95年の女性会議などが開かれ、
それぞれが未来に向けた行動計画を採択しました。2000年
のMDGsは、これらを整理してまとめたものです。資金や
人材が多分野に拡散して失敗しないよう、選択と集中によ
り8つの最優先目標の達成を目指す試みでした。

その結果、貧困人口、小児死亡、妊産婦死亡、HIVの新規感染数などが、1990年の水準とくらべて約半分となるなど、大きな成果につながったのです。しかし、貧困やその関連死が多かった当時、少しでも多くの命を救うためには効率が求められる中で、遠い農村部や少数グループが後回しにされてしまうことも。また2000年代に入ると紛争やテロが激化し、持つ者と持たざる者の格差が表面化します。

　そんな中、生まれたのがSDGsです。「数」のみならず「質」を向上させる、すなわち「もっとも遅れているところに第一に手を伸ばすべく努力」し、「誰ひとり取り残さない」ことで、格差をなくすことがゴールになったのです。

　これは、47歳で第2代国連事務総長となり、在任中に亡くなったダグ・ハマーショルドの「国連は、人を天国に誘うためでなく、人を地獄から救うために創設された」という言葉と相通ずるものです。持つ者がさらに幸せになることを目指すのではなく、一番苦しい立場にいる人たちの状況改善を優先する。しかし日本では、このSDGsの中心概念はあまり理解されていません。というのも、これはSDGsには書かれていないのです。SDGsは、2030アジェンダを実現する上での「付随的」モニタリング指標ですから、SDGsの理解・実施・達成には、本体の理解が欠かせません。前述の根本原則は、2030アジェンダに書かれているのです。

　そこには、社会的障壁によって周辺化されがちな子ども、若者、障害のある人、HIV／エイズとともに生きる人々、高齢者、先住民、難民、国内避難民、移民をとくに優先すべきと書かれています。一部の文化的要因で文言合意できなかったLGBTIは含まれていませんが、実施においては包摂すべきです。そして、2030アジェンダにはウェルビーイングという用語がたびたび登場します。お金や生死のみでは人の幸せは計れず、心の生き物である人間には、不安や恐怖や愛、そして幸福感などの「感情」もカギとなるからです。

　17のゴール自体は、数十年前から国際社会が取り組んできた重要分野をリストにしたものです。MDGsをもとに他分野が加えられ、大所帯になりました。宇宙、芸術、LGBTIなど以外の広範な分野が網羅されています。日本では、17のゴールを覚えたり、自分の活動に当てはまるSDGsロゴを付したりする試みが多いようです。しかし、たとえば、薬学部や医学部の全取り組みはゴール3の「すべての人に健康と福祉を」に関わりますし、大学の活動すべてがゴール4の「質の高い教育をみんなに」に当てはまるとも言え、ロゴをつけるだけでは目標を達成できません。

　本来のSDGsの使い方は、（1）各分野において、取り残している人がいないかをチェックし、取り残していたら包

摂するよう変えていく、（2）自分の分野の活動のみならず、他分野との相互作用に目を向け、同時に、世界と未来の「さまざまな人」と「環境」への影響を鑑みてアクションを進化させていく、そして、（3）後に設定された232の指標を参考に、取り組みが十分でないところに、資金や人材を投資し、達成を目指すということです。

　具体例を挙げると、（1）は、ゴール11の災害に強い街づくりにおいて、避難経路や防災計画に身体・精神・知的障害のある人のニーズが反映されているかチェックするようなことです。東日本大震災では障害のある人の死亡率が2〜4倍高いものでしたが、これを変える。同様に、教育、医療、交通、施設、商品、サービス、テクノロジー全般が多様な人にとって使いやすいか見直し、誰も取り残さないよう改善し、選択肢を増やすことが根本です。

　（2）は、たとえば、生物多様性保護や二酸化炭素排出量の削減のために国立公園を作ることは素敵ですが、やり方次第で現地の先住民が何百年も営んできた暮らしに大きなダメージを与えてしまうことがありうるため、先住民との話し合いのもと計画を立てるといったことです。公園内を流れる川の下流域に住む人々の農業や防災、生態系に悪影響があるのも困ります。また、ちなみに、いまの多様性をめぐるプログラムの多くは、女性の権利分野から好事例を学び、

取り入れたものです。各々ゼロから始めるのではなく、分野や国を越えて学ぶこともSDGsの肝です。各分野には担当国連機関があり、それらのツールを参照すれば既存の豊富な国際対話と現場経験を生かせます。

　（3）について、日本では17のゴールに注目が集まり、重要な169のターゲットと232の指標はあまり知られていません。たとえば、「すべての人に健康と福祉を」というゴールだけを見てもなにをすべきかわかりませんが、ターゲットを見れば3.4に精神保健分野が含まれ、その指標が「自殺率」とわかります。すると、2030年まで全加盟国や世界の企業などが「自殺」に集中的に取り組むこと、ゆえに人材ニーズ、ビジネスチャンス、経済効果が大きくなることも読み取れるのです。

　いま、さまざまな人や団体に対するSNSやワイドショーを通した強い批判が流行しています。しかしSDGsは、（1）の観点からは、異なる意見や立場を尊重し、それぞれのできることを持ち寄り、尊厳を守り、建設的に力を合わせること、（2）の観点からは、「知った気にならないこと」を勧めるものです。コロナ禍で経済と感染対策の両立が容易ではないのと同様、ある分野・人にとって良いことが、別の分野・人では害になることは多くあります。また、まだわからない

ことや、一見むだなことが重要な意味をもつこともたくさんあります。横断的な視点で、取り残されている人がいないか検討し、他国や未来への影響も鑑み、もっとも苦しい立場にある人たちへの取り組みから始め、産官民が前向きに協力し、それぞれの違いを生かしながら、各々バランスよく試行を積み重ねるのがSDGsなのです。その際、大きな声のみならず、サイレント・マジョリティーやマイノリティーに耳を傾けることが重要です。

　日本では高齢化が進行中ですが、世界人口は急増しており、4人に1人は若者です。障害のある人は人口の15%、60歳以上は12%、先住民は5%。電通ダイバーシティ・ラボによると、LGBTIは約9%。そもそもわたしたちはみな異なります。そんな中、さまざまなな意見を尊重し、周辺化されやすい人たちも含めた多様な人と協力して、違いを価値に、前向きに未来を作っていく。さらに、AIやロボットが大量生産や効率を担う世界では、機械と異なる部分、すなわち、違い、揺らぐ感情、その表出であり癒やしともなる文化・芸術が重視されるようになるでしょう。

　オックスファム（Oxfam／貧困と不正を根絶するための支援・活動を世界中で展開している団体）によると、もっとも裕福な26人が、世界人口の半数である38億人の総資産と同規模の富を握っているのがいまの世です。このような格

差が是正されれば、多くの苦しい立場におかれた人々のウェルビーイング（肉体的・精神的・社会的に、満たされた状態）は改善するでしょう。トランプ政権の誕生を揶揄する声もありましたが、米国民の約半数が彼を支持した事実は、「自由」の前に「明日の仕事や食糧」を求める人が多くいたことを示す可能性があり、それらの人に思いをはせないことは、それもまた分断につながりえます。

　一方、SDGsの目標年まで10年を切ったいま、ポストSDGsをめぐる議論が始まります。SDGs策定過程では、日本政府によるユニバーサル・ヘルス・カバレッジの推進などをのぞき、日本からのインプットを目にする機会は多くありませんでした。未来に向け、国際社会の現状・作法・共通用語の理解を進め、ルール作りに貢献することも大切です。その際、人の欲望に果てがない一方、誰かと「ありがとう」と言い合うシンプルな心の通い合いにこそ幸せを感じるのが人間だということを忘れないことも大事です。

　多様な人の気持ちを知り、他分野の現場と教訓を学び、先人の努力の上にみんなで協力しながら積み重ねていく。
――SDGsのメッセージをひとりでも多くの方に知っていただけたら幸いです。

監修　井筒節
　　　堤敦朗

著者が選ぶ

SDGsの取り組みが
もっとわかる映画と本

SDGsの考え方を理解し、実際に動こうと思ったら、
すでに具体的に取り組まれている事例だけでなく、
映画（DVD）や本からその主張を学ぶ姿勢も重要だ。
ここでは、SDGsについて、さらに深く考える
きっかけとなるものを紹介しよう。

MOVIE
&
BOOK

 MOVIE

ヒトラーに盗られたうさぎ

公開年：2019年（日本公開年：2020年）
製作国：ドイツ
配給：彩プロ
監督：カロリーヌ・リンク
おもな出演者：リーヴァ・クリマロフスキ、オリヴァー・マスッチ、
　　　　　　　カーラ・ユーリ

絵本作家ジュディス・カーの自伝的小説が原作。時代背景は第二次世界大戦
前夜の1933年。アドルフ・ヒトラーを批判するユダヤ人の父は、ユダヤ人弾
圧から逃れるため、家族でドイツを脱出する計画を立てた。9歳の娘のアンナは、
母親から荷物はひとつだけと言われ、うさぎのぬいぐるみを抱えて家族ととも
にスイスを目指す。自由と平和の大切さと、そのもろさを教えてくれる。

ジョゼと虎と魚たち（実写版）

公開年：2003年
製作国：日本
配給：アスミック・エース
DVD販売元：TCエンタテインメント
監督：犬童一心
おもな出演者：妻夫木聡、池脇千鶴、上野樹里、新井浩文、
　　　　　　新屋英子

大学生の恒夫は、乳母車に乗って祖母と散歩するのが日課の自称ジョゼこと、くみ子と知り合った。くみ子は個性的で知的な女の子。そんな彼女に恒夫はどんどんひかれていくが……。原作は田辺聖子の短編小説。障害のある人とない人の恋愛と、その難しさを描いている。なお、2020年にはアニメ化された映画も公開された。

 MOVIE

こんな夜更けにバナナかよ
愛しき実話

公開年：2018年
製作国：日本
配給：松竹
DVD販売元：松竹
監督：前田哲
おもな出演者：大泉洋、高畑充希、三浦春馬、萩原聖人、
　　　　　　渡辺真起子

鹿野靖明は幼少期から筋ジストロフィーを患い、体で動かせるのは首と手だけだったが、ボランティアたちと自立生活を送っていた。夜中に突然「バナナ食べたい」などと言い出すワガママな彼に、周囲の人々は振り回されるが、次第に他人に素直になることの大切さを知っていく。実話をもとにした映画で、自立とはなにか、介護とはなにかといったテーマに正面から向き合っている。

MOVIE

不都合な真実

公開年：2006年（日本公開年：2007年）
製作国：アメリカ
配給：UIP
DVD販売元：パラマウント ホーム エンタテインメント ジャパン
監督：デイビス・グッゲンハイム
おもな出演者：アル・ゴア

地球温暖化によって異常気象などさまざまな問題が起きている。そんな地球の危機を訴える元アメリカ副大統領アル・ゴアの講演の模様を、彼自身の証言を交えつつ構成したノンフィクション映画。アカデミー賞で2部門を受賞した。ゴアは同名の本も出版しており、世界的なベストセラーとなっている。また、「不都合な真実」という言葉は「地球温暖化」の代名詞となった。

MOVIE

無垢なる証人

公開年：2019年（日本公開年：2019年）
製作国：韓国
配給：クロックワークス
DVD販売元：TCエンタテインメント
監督：イ・ハン
おもな出演者：チョン・ウソン、アキム・ヒャンギ、アイ・ギュヒョン、アチャン・ヨンナム、アヨム・ヘラン

現実と妥協して俗物になることを決めた弁護士のスノ。彼は自分の出世がかかった殺人事件の弁護士に指名されると、容疑者の無罪を立証するため、唯一の目撃者である自閉症の少女ジウを証人として立たせようとする。スノは意思疎通が難しいジウと心を通わせるため懸命に努力するが……。本当の正義とはなにかを描き、韓国で230万人を動員する大ヒットとなった。

 **MOVIE**

チョコレートドーナツ

公開年：2012年（日本公開年：2014年）
製作国：アメリカ
配給：ビターズ・エンド
DVD販売元：ポニーキャニオン
監督：トラヴィス・ファイン
おもな出演者：アラン・カミング、ギャレット・ディラハント、アイザック・レイヴァ、フランシス・フィッシャー、ジェイミー・アン・オールマン

時は1979年、舞台はアメリカ・カリフォルニア。シンガーを夢見るルディ、ゲイであることを隠して生きる弁護士のポール、そして母の愛情を受けずに育ったダウン症の少年マルコの3人が出会い、運命の歯車が回り始める。やがてルディとポールは愛し合い、マルコとともに幸せな家庭を築き始める。見返りを求めずに行動する彼らの本物の愛の行方は……。

 BOOK

天、共に在り
アフガニスタン三十年の闘い

出版社：NHK出版
刊行年：2013年
定　価：1,760円（税込）
著　者：中村哲

1984年からパキスタン、アフガニスタンで支援活動を続けていた医師の中村哲氏。治療のために現地へ赴いた日本人の医者が、なぜ1,600本もの井戸を掘り、25.5キロにもおよぶ用水路を拓くに至ったのかについて、「天」（自然）と「縁」（人間）をキーワードに綴った自伝。中村氏は2019年にアフガニスタンで武装勢力に銃撃され死去したが、いまも現地では人々に敬愛されている。

書籍の税率は、2021年3月現在のものです。

「ちがい」ってなんだ?
障害について知る本

出版社：学研プラス
刊行年：2021年
定　価：5,280円（税込）
著　者：殿ヶ谷美由記
監修者：東京大学教養教育高度化機構・井筒節、
　　　　EMPOWER Project・飯山智史、町田紘太

「障害」を起点に、「ちがい」について考えた本。人それぞれのさまざまな違いや協力の基本などについて、マンガやイラストを交えてやさしく解説していて小中学生でも読みやすい。また、日常での事例や声かけ時のマナーなども学ぶことができる。さらに、事故によって脊髄を損傷し、車いすを使って生活しているアイドルの猪狩ともかさんなどのライフヒストリーも収録。

島はぼくらと

出版社：講談社
刊行年：2013年
定　価：1,650円（税込）
著　者：辻村深月

瀬戸内海に浮かぶ島の冴島。この島でたった4人の同級生である朱里、衣花、源樹、新はフェリーで本土の高校に通っているが、彼らは卒業と同時に島を出ることが決まっている。そんなある日、4人は冴島に「幻の脚本」を探しにきたという見知らぬ青年に声をかけられる。過疎化が進む島の問題を背景にしながら、若者たちの淡い恋と友情を描いた青春小説。

書籍の税率は、2021年3月現在のものです。

BOOK

82年生まれ、キム・ジヨン

出版社：筑摩書房
刊行年：2018年
定　価：1,650円（税込）
著　者：チョ・ナムジュ
訳　者：斎藤真理子

33歳の女性であるキム・ジヨンは、ある日突然、自分の母親や友人の人格が憑依したかのように振る舞いはじめた。その原因を探るため、誕生から学生時代、受験、就職、結婚、育児という彼女の人生を克明に掘り下げていく中で浮かび上がったのは、韓国における女性差別の実態だった。韓国で130万部を突破する大ベストセラーとなり、翻訳出版された日本でも話題となった小説。

 BOOK

おとなになるってどんなこと？

出版社：筑摩書房
刊行年：2015年
定　価：748円（税込）
著　者：吉本ばなな

『TUGUMI』『うたかた／サンクチュアリ』『アムリタ』などの作品で海外も含め数多くの読者に支持されている小説家・吉本ばななが、これから大人になる子どもたち、そして「大人になるって難しい……」と思っている人たちへ向けた8つの問いと答えからなるメッセージ。人生を送るうえで誰しも避けては通れないテーマを、わかりやすくていねいに語る。

書籍の税率は、2021年3月現在のものです。

「我々の世界を変革する：持続可能な開発のための2030アジェンダ」前文

（外務省仮訳をもとに作成。アジェンダの全文は右のサイトで読むことができる。 mofa.go.jp/mofaj/files/000101402.pdf）

前文

　このアジェンダは、人間、地球及び繁栄のための行動計画である。これはまた、より大きな自由における普遍的な平和の強化を追求するものでもある。我々は、極端な貧困を含む、あらゆる形態と側面の貧困を撲滅することが最大の地球規模の課題であり、持続可能な開発のための不可欠な必要条件であると認識する。

　すべての国及びすべてのステークホルダーは、協同的なパートナーシップの下、この計画を実行する。我々は、人類を貧困の恐怖及び欠乏の専制から解き放ち、地球を癒やし安全にすることを決意している。我々は、世界を持続的かつ強靱（レジリエント）な道筋に移行させるために緊急に必要な、大胆かつ変革的な手段をとることを決意している。我々はこの共同の旅路に乗り出すにあたり、誰一人取り残さないことを誓う。

　今日我々が発表する17の持続可能な開発のための目標（SDGs）と、169のターゲットは、この新しく普遍的なアジェンダの規模と野心を示している。これらの目標とターゲットは、ミレニアム開発目標（MDGs）を基にして、ミレニアム開発目標が達成できなかったものを全うすることを目指すものである。これらは、すべての人々の人権を実現し、ジェンダー平等とすべての女性と女児のエンパワーメントを達成することを目指す。これらの目標及びターゲットは、統合され不可分のものであり、持続可能な開発の三側面、すなわち経済、社会及び環境の三側面を調和させるものである。

　これらの目標及びターゲットは、人類及び地球にとり極めて重要な分野で、向こう15年間にわたり、行動を促進するものになろう。

人間

我々は、あらゆる形態及び側面において貧困と飢餓に終止符を打ち、すべての人間が尊厳と平等の下に、そして健康な環境の下に、その持てる潜在能力を発揮す

ることができることを確保することを決意する。

地球

我々は、地球が現在及び将来の世代の需要を支えることができるように、持続可能な消費及び生産、天然資源の持続可能な管理並びに気候変動に関する緊急の行動をとることを含めて、地球を破壊から守ることを決意する。

繁栄

我々は、すべての人間が豊かで満たされた生活を享受することができること、また、経済的、社会的及び技術的な進歩が自然との調和のうちに生じることを確保することを決意する。

平和

我々は、恐怖及び暴力から自由であり、平和的、公正かつ包摂的な社会を育んでいくことを決意する。平和なくしては持続可能な開発はあり得ず、持続可能な開発なくして平和もあり得ない。

パートナーシップ

我々は、強化された地球規模の連帯の精神に基づき、最も貧しく最も脆弱な人々の必要に特別の焦点をあて、全ての国、全てのステークホルダー及び全ての人の参加を得て、再活性化された「持続可能な開発のためのグローバル・パートナーシップ」を通じてこのアジェンダを実施するに必要とされる手段を動員することを決意する。

持続可能な開発目標の相互関連性及び統合された性質は、この新たなアジェンダ（以後「新アジェンダ」と呼称）の目的が実現されることを確保する上で極めて重要である。もし我々がこのアジェンダのすべての範囲にわたり自らの野心を実現することができれば、すべての人々の生活は大いに改善され、我々の世界はより良いものへと変革されるであろう。

（2015年9月25日第70回国連総会で採択）

SDGsの17のゴールと169のターゲット

（農林水産省のウェブサイト、またターゲットの文言は外務省仮訳をもとに作成）

1 貧困をなくそう

この目標は、2030年までに、世界中で極度の貧困にある人をなくすこと、様々な次元で貧困ラインを下回っている人の割合を半減させることなどを目指しています。貧困とは、単に収入や資産がないことだけではなく、飢餓・栄養不良、教育や基本的サービスへのアクセス不足、社会的な差別や排除、意思決定からの除外なども含むものです。また、弱い立場にある人たちが、気象変動や災害などの影響をより強くうけることも防ぐ必要があります。

ターゲット

- 〘1.1〙2030年までに、現在1日1.25ドル未満で生活する人々と定義されている極度の貧困をあらゆる場所で終わらせる。
- 〘1.2〙2030年までに、各国定義によるあらゆる次元の貧困状態にある、すべての年齢の男性、女性、子どもの割合を半減させる。
- 〘1.3〙各国において最低限の基準を含む適切な社会保護制度及び対策を実施し、2030年までに貧困層及び脆弱層に対し十分な保護を達成する。
- 〘1.4〙2030年までに、貧困層及び脆弱層をはじめ、すべての男性及び女性が、基礎的サービスへのアクセス、土地及びその他の形態の財産に対する所有権と管理権限、相続財産、天然資源、適切な新技術、マイクロファイナンスを含む金融サービスに加え、経済的資源についても平等な権利を持つことができるように確保する。
- 〘1.5〙2030年までに、貧困層や脆弱な状況にある人々の強靱性（レジリエンス）を構築し、気候変動に関連する極端な気象現象やその他の経済、社会、環境的ショックや災害に暴露や脆弱性を軽減する。
- 〘1.a〙あらゆる次元での貧困を終わらせるための計画や政策を実施するべく、後発開発途上国をはじめとする開発途上国に対して適切かつ予測可能な手段を講じるため、開発協力の強化などを通じて、さまざまな供給源からの相当量の資源の動員を確保する。
- 〘1.b〙貧困撲滅のための行動への投資拡大を支援するため、国、地域及び国際レベルで、貧困層やジェンダーに配慮した開発戦略に基づいた適正な政策的枠組みを構築する。

2 飢餓をゼロに

この目標は2030年までに、飢餓とあらゆる栄養不良に終止符を打ち、持続可能な食料生産を達成することを目指しています。また、誰もが栄養のある食料を十分得られるようにするためには、環境と調和した持続可能な農業を推進し、生産者の所得を確保し、農業生産性を高めるための研究・投資を行う必要があります。

ターゲット

- 〘2.1〙2030年までに、飢餓を撲滅し、すべての人々、特に貧困層及び幼児を含む脆弱な立場にある人々が一年中安全かつ栄養のある食料を十分得られるようにする。
- 〘2.2〙5歳未満の子どもの発育阻害や消耗性疾患について国際的に合意されたターゲットを2025年までに達成するなど、2030年までにあらゆる形態の栄養不良を解消し、若年女子、妊婦・授乳婦及び高齢者の栄養ニーズへの対処を行う。
- 〘2.3〙2030年までに、土地、その他の生産資源や、投入財、知識、金融サービス、市場及び高付加価値化や非農業雇用の機会への確実かつ平等なアクセスの確保などを通じて、女性、先住民、家族農家、牧畜民及び漁業者をはじめとする小規模食料生産者の農業生産性及び所得を倍増させる。

〖 2.4 〗2030年までに、生産性を向上させ、生産量を増やし、生態系を維持し、気候変動や極端な気象現象、干
　　　ばつ、洪水及びその他の災害に対する適応能力を向上させ、漸進的に土地と土壌の質を改善させるような、
　　　持続可能な食料生産システムを確保し、強靱（レジリエント）な農業を実践する。

〖 2.5 〗2020年までに、国、地域及び国際レベルで適正に管理及び多様化された種子・植物バンクなども通じて、
　　　種子、栽培植物、飼育・家畜化された動物及びこれらの近緑野生種の遺伝的多様性を維持し、国際的合
　　　意に基づき、遺伝資源及びこれに関連する伝統的な知識へのアクセス及びその利用から生じる利益の公正
　　　かつ衡平な配分を促進する。

〖 2.a 〗開発途上国、特に後発開発途上国における農業生産能力向上のために、国際協力の強化などを通じて、
　　　農村インフラ、農業研究・普及サービス、技術開発及び植物・家畜のジーン・バンクへの投資の拡大を図る。

〖 2.b 〗ドーハ開発ラウンドの決議に従い、すべての形態の農産物輸出補助金及び同等の効果を持つすべての輸出
　　　措置の並行的撤廃などを通じて、世界の農産物市場における貿易制限や歪みを是正及び防止する。

〖 2.c 〗食料価格の極端な変動に歯止めをかけるため、食料市場及びデリバティブ市場の適正な機能を確保するた
　　　めの措置を講じ、食料備蓄などの市場情報への適時のアクセスを容易にする。

3　すべての人に健康と福祉を

**この目標は、母子保健を増進し、主要な感染症の流行に終止符を打ち、非感染性疾患と環境要因による
疾患を減らすことを含めて、あらゆる年齢のすべての人々の健康と福祉を確保することを目指しています。**

ターゲット

〖 3.1 〗2030年までに、世界の妊産婦の死亡率を出生10万人当たり70人未満に削減する。

〖 3.2 〗すべての国が新生児死亡率を少なくとも出生1,000件中12件以下まで減らし、5歳以下死亡率を少なくと
　　　も出生1,000件中25件以下まで減らすことを目指し、2030年までに、新生児及び5歳未満児の予防可能
　　　な死亡を根絶する。

〖 3.3 〗2030年までに、エイズ、結核、マラリア及び顧みられない熱帯病といった伝染病を根絶するとともに肝炎、
　　　水系感染症及びその他の感染症に対処する。

〖 3.4 〗2030年までに、非感染性疾患による若年死亡率を、予防や治療を通じて3分の1減少させ、精神保健及び
　　　福祉を促進する。

〖 3.5 〗薬物乱用やアルコールの有害な摂取を含む、物質乱用の防止・治療を強化する。

〖 3.6 〗2020年までに、世界の道路交通事故による死傷者を半減させる。

〖 3.7 〗2030年までに、家族計画、情報・教育及び性と生殖に関する健康の国家戦略・計画への組み入れを含む、
　　　性と生殖に関する保健サービスをすべての人々が利用できるようにする。

〖 3.8 〗すべての人々に対する財政リスクからの保護、質の高い基礎的な保健サービスへのアクセス及び安全で効
　　　果的かつ質が高く安価な必須医薬品とワクチンへのアクセスを含む、ユニバーサル・ヘルス・カバレッジ（UHC）
　　　を達成する。

〖 3.9 〗2030年までに、有害化学物質、ならびに大気、水質及び土壌の汚染による死亡及び疾病の件数を大幅に
　　　減少させる。

〖 3.a 〗すべての国々において、たばこの規制に関する世界保健機関枠組条約の実施を適宜強化する。

〖 3.b 〗主に開発途上国に影響を及ぼす感染性及び非感染性疾患のワクチン及び医薬品の研究開発を支援する。
　　　また、知的所有権の貿易関連の側面に関する協定（TRIPS協定）及び公衆の健康に関するドーハ宣言に
　　　従い、安価な必須医薬品及びワクチンへのアクセスを提供する。同宣言は公衆衛生保護及び、特にすべて
　　　の人々への医薬品のアクセス提供にかかわる「知的所有権の貿易関連の側面に関する協定（TRIPS協定）」
　　　の柔軟性に関する規定を最大限に行使する開発途上国の権利を確約したものである。

〖 3.c 〗開発途上国、特に後発開発途上国及び小島嶼開発途上国において保健財政及び保健人材の採用、能力開

〘3.d〙すべての国々、特に開発途上国の国家・世界規模の健康危険因子の早期警告、危険因子緩和及び危険因子管理のための能力を強化する。

4 質の高い教育をみんなに

この目標は、2030年までにすべての子供が平等に質の高い教育を受けられるようにすること、高等教育にアクセスできることを目指しています。また、働きがいのある人間らしい仕事や企業に必要な技能を備えた若者・成人の割合を大幅に増加させることもねらっています。

ターゲット

〘4.1〙2030年までに、すべての子どもが男女の区別なく、適切かつ効果的な学習成果をもたらす、無償かつ公正で質の高い初等教育及び中等教育を修了できるようにする。

〘4.2〙2030年までに、すべての子どもが男女の区別なく、質の高い乳幼児の発達支援、ケア及び就学前教育にアクセスすることにより、初等教育を受ける準備が整うようにする。

〘4.3〙2030年までに、すべての人々が男女の区別なく、手頃な価格で質の高い技術教育、職業教育及び大学を含む高等教育への平等なアクセスを得られるようにする。

〘4.4〙2030年までに、技術的・職業的スキルなど、雇用、働きがいのある人間らしい仕事及び起業に必要な技能を備えた若者と成人の割合を大幅に増加させる。

〘4.5〙2030年までに、教育におけるジェンダー格差を無くし、障害者、先住民及び脆弱な立場にある子どもなど、脆弱層があらゆるレベルの教育や職業訓練に平等にアクセスできるようにする。

〘4.6〙2030年までに、すべての若者及び大多数（男女ともに）の成人が、読み書き能力及び基本的計算能力を身に付けられるようにする。

〘4.7〙2030年までに、持続可能な開発のための教育及び持続可能なライフスタイル、人権、男女の平等、平和及び非暴力的文化の推進、グローバル・シチズンシップ、文化多様性と文化の持続可能な開発への貢献の理解の教育を通して、全ての学習者が、持続可能な開発を促進するために必要な知識及び技能を習得できるようにする。

〘4.a〙子ども、障害及びジェンダーに配慮した教育施設を構築・改良し、すべての人々に安全で非暴力的、包摂的、効果的な学習環境を提供できるようにする。

〘4.b〙2020年までに、開発途上国、特に後発開発途上国及び小島嶼開発途上国、ならびにアフリカ諸国を対象とした、職業訓練、情報通信技術（ICT）、技術・工学・科学プログラムなど、先進国及びその他の開発途上国における高等教育の奨学金の件数を全世界で大幅に増加させる。

〘4.c〙2030年までに、開発途上国、特に後発開発途上国及び小島嶼開発途上国における教員養成のための国際協力などを通じて、質の高い教員の数を大幅に増加させる。

5 ジェンダー平等を実現しよう

この目標は、女性が潜在能力を十分に発揮して活躍できるようにするため、教育や訓練の充実はもとより、有害な慣行を含め、女性と女児に対するあらゆる形態の差別と暴力をなくすことを目指しています。経済分野においても、あらゆるレベルの意思決定において女性の平等な参画とリーダーシップの機会の確保が求められています。

ターゲット

〘5.1〙あらゆる場所におけるすべての女性及び女児に対するあらゆる形態の差別を撤廃する。

〘5.2〙人身売買や性的、その他の種類の搾取など、すべての女性及び女児に対する、公共・私的空間におけるあらゆる形態の暴力を排除する。

〘5.3〙未成年者の結婚、早期結婚、強制結婚及び女性器切除など、あらゆる有害な慣行を撤廃する。

〘5.4〙公共のサービス、インフラ及び社会保障政策の提供、ならびに各国の状況に応じた世帯・家族内における責任分担を通じて、無報酬の育児・介護や家事労働を認識・評価する。

〘5.5〙政治、経済、公共分野でのあらゆるレベルの意思決定において、完全かつ効果的な女性の参画及び平等なリーダーシップの機会を確保する。

〘5.6〙国際人口・開発会議（ICPD）の行動計画及び北京行動綱領、ならびにこれらの検証会議の成果文書に従い、性と生殖に関する健康及び権利への普遍的アクセスを確保する。

〘5.a〙女性に対し、経済的資源に対する同等の権利、ならびに各国法に従い、オーナーシップ及び土地その他の財産、金融サービス、相続財産、天然資源に対するアクセスを与えるための改革に着手する。

〘5.b〙女性の能力強化促進のため、ICTをはじめとする実現技術の活用を強化する。

〘5.c〙ジェンダー平等の促進、ならびにすべての女性及び女子のあらゆるレベルでの能力強化のための適正な政策及び拘束力のある法規を導入・強化する。

6　安全な水とトイレを世界中に

この目標は飲料水、衛生施設、衛生状態を確保するだけではなく、水源の質と持続可能性をめざすものです。

ターゲット

〘6.1〙2030年までに、すべての人々の、安全で安価な飲料水の普遍的かつ平等なアクセスを達成する。

〘6.2〙2030年までに、すべての人々の、適切かつ平等な下水施設・衛生施設へのアクセスを達成し、野外での排泄をなくす。女性及び女子、ならびに脆弱な立場にある人々のニーズに特に注意を払う。

〘6.3〙2030年までに、汚染の減少、投棄廃絶と有害な化学物や物質の放出の最小化、未処理の排水の割合半減及び再生利用と安全な再利用の世界的規模での大幅な増加により、水質を改善する。

〘6.4〙2030年までに、全セクターにおいて水の利用効率を大幅に改善し、淡水の持続可能な採取及び供給を確保し水不足に対処するとともに、水不足に悩む人々の数を大幅に減少させる。

〘6.5〙2030年までに、国境を越えた適切な協力を含む、あらゆるレベルでの統合水資源管理を実施する。

〘6.6〙2020年までに、山地、森林、湿地、河川、帯水層、湖沼などの水に関連する生態系の保護・回復を行う。

〘6.a〙2030年までに、集水、海水淡水化、水の効率的利用、排水処理、リサイクル・再利用技術など、開発途上国における水と衛生分野での活動や計画を対象とした国際協力と能力構築支援を拡大する。

〘6.b〙水と衛生に関わる分野の管理向上への地域コミュニティの参加を支援・強化する。

7　エネルギーをみんなに そしてクリーンに

この目標は、国際協力の強化や、クリーンエネルギーに関するインフラと技術の拡大などを通じ、エネルギーへのアクセス拡大と、再生可能エネルギーの使用増大を推進しようとするものです。

ターゲット

〘7.1〙2030年までに、安価かつ信頼できる現代的エネルギーサービスへの普遍的アクセスを確保する。

〘7.2〙2030年までに、世界のエネルギーミックスにおける再生可能エネルギーの割合を大幅に拡大させる。

〘7.3〙2030年までに、世界全体のエネルギー効率の改善率を倍増させる。

〘7.a〙2030年までに、再生可能エネルギー、エネルギー効率及び先進的かつ環境負荷の低い化石燃料技術などのクリーンエネルギーの研究及び技術へのアクセスを促進するための国際協力を強化し、エネルギー関連

インフラとクリーンエネルギー技術への投資を促進する。

〚 **7.b** 〛2030年までに、各々の支援プログラムに沿って開発途上国、特に後発開発途上国及び小島嶼開発途上国、内陸開発途上国のすべての人々に現代的で持続可能なエネルギーサービスを供給できるよう、インフラ拡大と技術向上を行う。

8 働きがいも経済成長も

継続的、包摂的かつ持続可能な経済成長は、グローバルな繁栄の前提条件です。この目標は、すべての人々に生産的な完全雇用とディーセント・ワーク（働きがいのある人間らしい仕事）の機会を提供しつつ、強制労働や人身取引、児童労働を根絶することをねらいとしています。

ターゲット

〚 **8.1** 〛各国の状況に応じて、一人当たり経済成長率を持続させる。特に後発開発途上国は少なくとも年率7%の成長率を保つ。

〚 **8.2** 〛高付加価値セクターや労働集約型セクターに重点を置くことなどにより、多様化、技術向上及びイノベーションを通じた高いレベルの経済生産性を達成する。

〚 **8.3** 〛生産活動や適切な雇用創出、起業、創造性及びイノベーションを支援する開発重視型の政策を促進するとともに、金融サービスへのアクセス改善などを通じて中小零細企業の設立や成長を奨励する。

〚 **8.4** 〛2030年までに、世界の消費と生産における資源効率を漸進的に改善させ、先進国主導の下、持続可能な消費と生産に関する10年計画枠組みに従い、経済成長と環境悪化の分断を図る。

〚 **8.5** 〛2030年までに、若者や障害者を含むすべての男性及び女性の、完全かつ生産的な雇用及び働きがいのある人間らしい仕事、ならびに同一労働同一賃金を達成する。

〚 **8.6** 〛2020年までに、就労、就学及び職業訓練のいずれも行っていない若者の割合を大幅に減らす。

〚 **8.7** 〛強制労働を根絶し、現代の奴隷制、人身売買を終わらせるための緊急かつ効果的な措置の実施、最悪な形態の児童労働の禁止及び撲滅を確保する。2025年までに児童兵士の募集と使用を含むあらゆる形態の児童労働を撲滅する。

〚 **8.8** 〛移住労働者、特に女性の移住労働者や不安定な雇用状態にある労働者など、すべての労働者の権利を保護し、安全・安心な労働環境を促進する。

〚 **8.9** 〛2030年までに、雇用創出、地方の文化振興・産品販促につながる持続可能な観光業を促進するための政策を立案し実施する。

〚**8.10**〛国内の金融機関の能力を強化し、すべての人々の銀行取引、保険及び金融サービスへのアクセスを促進・拡大する。

〚 **8.a** 〛後発開発途上国への貿易関連技術支援のための拡大統合フレームワーク（EIF）などを通じた支援を含む、開発途上国、特に後発開発途上国に対する貿易のための援助を拡大する。

〚 **8.b** 〛2020年までに、若年雇用のための世界的戦略及び国際労働機関（ILO）の仕事に関する世界協定の実施を展開・運用化する。

9 産業と技術革新の基盤をつくろう

この目標は、国際的、国内的な金融、技術支援、研究とイノベーション、情報通信技術へのアクセス拡大を通じて安定した産業化を図ることを目指しています。

ターゲット

〚 **9.1** 〛すべての人々に安価で公平なアクセスに重点を置いた経済発展と人間の福祉を支援するために、地域・越

境インフラを含む質の高い、信頼でき、持続可能かつ強靭（レジリエント）なインフラを開発する。

〖9.2〗包摂的かつ持続可能な産業化を促進し、2030年までに各国の状況に応じて雇用及びGDPに占める産業セクターの割合を大幅に増加させる。後発開発途上国については同割合を倍増させる。

〖9.3〗特に開発途上国における小規模の製造業その他の企業の、安価な資金貸付などの金融サービスやバリューチェーン及び市場への統合へのアクセスを拡大する。

〖9.4〗2030年までに、資源利用効率の向上とクリーン技術及び環境に配慮した技術・産業プロセスの導入拡大を通じたインフラ改良や産業改善により、持続可能性を向上させる。すべての国々は各国の能力に応じた取組を行う。

〖9.5〗2030年までにイノベーションを促進させることや100万人当たりの研究開発従事者数を大幅に増加させ、また官民研究開発の支出を拡大させるなど、開発途上国をはじめとするすべての国々の産業セクターにおける科学研究を促進し、技術能力を向上させる。

〖9.a〗アフリカ諸国、後発開発途上国、内陸開発途上国及び小島嶼開発途上国への金融・テクノロジー・技術の支援強化を通じて、開発途上国における持続可能かつ強靭（レジリエント）なインフラ開発を促進する。

〖9.b〗産業の多様化や商品への付加価値創造などに資する政策環境の確保などを通じて、開発途上国の国内における技術開発、研究及びイノベーションを支援する。

〖9.c〗後発開発途上国において情報通信技術へのアクセスを大幅に向上させ、2020年までに普遍的かつ安価なインターネット・アクセスを提供できるよう図る。

10 人や国の不平等をなくそう

この目標は、国内および国家間の所得の不平等だけでなく、性別、年齢、障害、人種、階級、民族、宗教、機会に基づく不平等の是正も求めています。また、安全で秩序ある正規の移住の確保を目指すとともに、グローバルな政策決定と開発援助における開発途上国の発言力に関連する問題にも取り組むものとなっています。

ターゲット

〖10.1〗2030年までに、各国の所得下位40%の所得成長率について、国内平均を上回る数値を漸進的に達成し、持続させる。

〖10.2〗2030年までに、年齢、性別、障害、人種、民族、出自、宗教、あるいは経済的地位その他の状況に関わりなく、すべての人々の能力強化及び社会的、経済的及び政治的な包含を促進する。

〖10.3〗差別的な法律、政策及び慣行の撤廃、ならびに適切な関連法規、政策、行動の促進などを通じて、機会均等を確保し、成果の不平等を是正する。

〖10.4〗税制、賃金、社会保障政策をはじめとする政策を導入し、平等の拡大を漸進的に達成する。

〖10.5〗世界金融市場と金融機関に対する規制とモニタリングを改善し、こうした規制の実施を強化する。

〖10.6〗地球規模の国際経済・金融制度の意思決定における開発途上国の参加や発言力を拡大させることにより、より効果的で信用力があり、説明責任のある正当な制度を実現する。

〖10.7〗計画に基づき良く管理された移民政策の実施などを通じて、秩序のとれた、安全で規則的かつ責任ある移住や流動性を促進する。

〖10.a〗世界貿易機関（WTO）協定に従い、開発途上国、特に後発開発途上国に対する特別かつ異なる待遇の原則を実施する。

〖10.b〗各国の国家計画やプログラムに従って、後発開発途上国、アフリカ諸国、小島嶼開発途上国及び内陸開発途上国を始めとする、ニーズが最も大きい国々への、政府開発援助（ODA）及び海外直接投資を含む資金の流入を促進する。

〖10.c〗2030年までに、移住労働者による送金コストを3%未満に引き下げ、コストが5%を越える送金経路を撤廃する。

11 住み続けられるまちづくりを

この目標は、コミュニティの絆と個人の安全を強化しつつ、イノベーションや雇用を刺激する形で、都市その他の人間居住地の再生と計画を図ることを目指したものです。

ターゲット

11.1 2030年までに、すべての人々の、適切、安全かつ安価な住宅及び基本的サービスへのアクセスを確保し、スラムを改善する。

11.2 2030年までに、脆弱な立場にある人々、女性、子ども、障害者及び高齢者のニーズに特に配慮し、公共交通機関の拡大などを通じた交通の安全性改善により、すべての人々に、安全かつ安価で容易に利用できる、持続可能な輸送システムへのアクセスを提供する。

11.3 2030年までに、包摂的かつ持続可能な都市化を促進し、すべての国々の参加型、包摂的かつ持続可能な人間居住計画・管理の能力を強化する。

11.4 世界の文化遺産及び自然遺産の保護・保全の努力を強化する。

11.5 2030年までに、貧困層及び脆弱な立場にある人々の保護に焦点をあてながら、水関連災害などの災害による死者や被災者数を大幅に削減し、世界の国内総生産比で直接的経済損失を大幅に減らす。

11.6 2030年までに、大気の質及び一般並びにその他の廃棄物の管理に特別な注意を払うことによるものを含め、都市の一人当たりの環境上の悪影響を軽減する。

11.7 2030年までに、女性、子ども、高齢者及び障害者を含め、人々に安全で包摂的かつ利用が容易な緑地や公共スペースへの普遍的アクセスを提供する。

11.a 各国・地域規模の開発計画の強化を通じて、経済、社会、環境面における都市部、都市周辺部及び農村部間の良好なつながりを支援する。

11.b 2020年までに、包含、資源効率、気候変動の緩和と適応、災害に対する強靱さ（レジリエンス）を目指す総合的政策及び計画を導入・実施した都市及び人間居住地の件数を大幅に増加させ、仙台防災枠組2015-2030に沿って、あらゆるレベルでの総合的な災害リスク管理の策定と実施を行う。

11.c 財政的及び技術的な支援などを通じて、後発開発途上国における現地の資材を用いた、持続可能かつ強靱（レジリエント）な建造物の整備を支援する。

12 つくる責任 つかう責任

この目標は、環境に害を及ぼす物質の管理に関する具体的な政策や国際協定などの措置を通じ、持続可能な消費と生産のパターンを推進することを目指しています。

ターゲット

12.1 開発途上国の開発状況や能力を勘案しつつ、持続可能な消費と生産に関する10年計画枠組み（10YFP）を実施し、先進国主導の下、すべての国々が対策を講じる。

12.2 2030年までに天然資源の持続可能な管理及び効率的な利用を達成する。

12.3 2030年までに小売・消費レベルにおける世界全体の一人当たりの食料の廃棄を半減させ、収穫後損失などの生産・サプライチェーンにおける食料の損失を減少させる。

12.4 2020年までに、合意された国際的な枠組みに従い、製品ライフサイクルを通じ、環境上適正な化学物質やすべての廃棄物の管理を実現し、人の健康や環境への悪影響を最小化するため、化学物質や廃棄物の大気、水、土壌への放出を大幅に削減する。

12.5 2030年までに、廃棄物の発生防止、削減、再生利用及び再利用により、廃棄物の発生を大幅に削減する。

12.6 特に大企業や多国籍企業などの企業に対し、持続可能な取り組みを導入し、持続可能性に関する情報を

定期報告に盛り込むよう奨励する。

〖12.7〗 国内の政策や優先事項に従って持続可能な公共調達の慣行を促進する。

〖12.8〗 2030年までに、人々があらゆる場所において、持続可能な開発及び自然と調和したライフスタイルに関する情報と意識を持つようにする。

〖12.a〗 開発途上国に対し、より持続可能な消費・生産形態の促進のための科学的・技術的能力の強化を支援する。

〖12.b〗 雇用創出、地方の文化振興・産品販促につながる持続可能な観光業に対して持続可能な開発がもたらす影響を測定する手法を開発・導入する。

〖12.c〗 開発途上国の特別なニーズや状況を十分考慮し、貧困層やコミュニティを保護する形で開発に関する悪影響を最小限に留めつつ、税制改正や、有害な補助金が存在する場合はその環境への影響を考慮してその段階的廃止などを通じ、各国の状況に応じて、市場のひずみを除去することで、浪費的な消費を奨励する、化石燃料に対する非効率な補助金を合理化する。

13 気候変動に具体的な対策を

気候変動は開発にとって最大の脅威であり、その広範な未曽有の影響は、最貧層と最も脆弱な立場にある人々に不当に重くのしかかっています。気候変動とその影響に対処するだけでなく、気候関連の危険や自然災害に対応できるレジリエンスを構築するためにも、緊急の対策が必要です。

ターゲット

〖13.1〗 すべての国々において、気候関連災害や自然災害に対する強靭性（レジリエンス）及び適応力を強化する。

〖13.2〗 気候変動対策を国別の政策、戦略及び計画に盛り込む。

〖13.3〗 気候変動の緩和、適応、影響軽減及び早期警戒に関する教育、啓発、人的能力及び制度機能を改善する。

〖13.a〗 重要な緩和行動の実施とその実施における透明性確保に関する開発途上国のニーズに対応するため、2020年までにあらゆる供給源から年間1,000億ドルを共同で動員するという、UNFCCCの先進締約国によるコミットメントを実施するとともに、可能な限り速やかに資本を投入して緑の気候基金を本格始動させる。

〖13.b〗 後発開発途上国及び小島嶼開発途上国において、女性や青年、地方及び社会的に疎外されたコミュニティに焦点を当てることを含め、気候変動関連の効果的な計画策定と管理のための能力を向上するメカニズムを推進する。

＊国連気候変動枠組条約（UNFCCC）が、気候変動への世界的対応について交渉を行う基本的な国際的、政府間対話の場であると認識している。

14 海の豊かさを守ろう

この目標は、海洋・沿岸生態系の保全と持続可能な利用を推進し、海洋汚染を予防するとともに、海洋資源の持続可能な利用によって小島嶼開発途上国（太平洋・西インド諸島・インド洋などにある、領土が狭く、低地の島国）とLDCs（後発開発途上国）の経済的利益を増大させようとするものです。

ターゲット

〖14.1〗 2025年までに、海洋堆積物や富栄養化を含む、特に陸上活動による汚染など、あらゆる種類の海洋汚染を防止し、大幅に削減する。

〖14.2〗 2020年までに、海洋及び沿岸の生態系に関する重大な悪影響を回避するため、強靭性（レジリエンス）の強化などによる持続的な管理と保護を行い、健全で生産的な海洋を実現するため、海洋及び沿岸の生態系の回復のための取組を行う。

〖14.3〗 あらゆるレベルでの科学的協力の促進などを通じて、海洋酸性化の影響を最小限化し、対処する。

〖14.4〗 水産資源を、実現可能な最短期間で少なくとも各資源の生物学的特性によって定められる最大持続生産量

のレベルまで回復させるため、2020年までに、漁獲を効果的に規制し、過剰漁業や違法・無報告・無規制（IUU）漁業及び破壊的な漁業慣行を終了し、科学的な管理計画を実施する。

〘14.5〙 2020年までに、国内法及び国際法に則り、最大限入手可能な科学情報に基づいて、少なくとも沿岸域及び海域の10パーセントを保全する。

〘14.6〙 開発途上国及び後発開発途上国に対する適切かつ効果的な、特別かつ異なる待遇が、世界貿易機関（WTO）漁業補助金交渉の不可分の要素であるべきことを認識した上で、2020年までに、過剰漁獲能力や過剰漁獲につながる漁業補助金を禁止し、違法・無報告・無規制（IUU）漁業につながる補助金を撤廃し、同様の新たな補助金の導入を抑制する**。

〘14.7〙 2030年までに、漁業、水産養殖及び観光の持続可能な管理などを通じ、小島嶼開発途上国及び後発開発途上国の海洋資源の持続的な利用による経済的便益を増大させる。

〘14.a〙 海洋の健全性の改善と、開発途上国、特に小島嶼開発途上国および後発開発途上国の開発における海洋生物多様性の寄与向上のために、海洋技術の移転に関するユネスコ政府間海洋学委員会の基準・ガイドラインを勘案しつつ、科学的知識の増進、研究能力の向上、及び海洋技術の移転を行う。

〘14.b〙 小規模・沿岸零細漁業者に対し、海洋資源及び市場へのアクセスを提供する。

〘14.c〙「我々の求める未来」のパラ158において想起されるとおり、海洋及び海洋資源の保全及び持続可能な利用のための法的枠組みを規定する海洋法に関する国際連合条約（UNCLOS）に反映されている国際法を実施することにより、海洋及び海洋資源の保全及び持続可能な利用を強化する。

** 現在進行中の世界貿易機関（WTO）交渉およびWTOドーハ開発アジェンダ、ならびに香港閣僚宣言のマンデートを考慮。

15 陸の豊かさも守ろう

この目標は、持続可能な形で森林を管理し、劣化した土地を回復し、砂漠化対策を成功させ、自然の生息地の劣化を食い止め、生物多様性の損失に終止符を打つことに注力するものです。これらの取組をすべて組み合わせれば、森林その他の生態系に直接依存する人々の生計を守り、生物多様性を豊かにし、これら天然資源の恩恵を将来の世代に与えることに役立つと考えられます。

ターゲット

〘15.1〙 2020年までに、国際協定の下での義務に則って、森林、湿地、山地及び乾燥地をはじめとする陸域生態系と内陸淡水生態系及びそれらのサービスの保全、回復及び持続可能な利用を確保する。

〘15.2〙 2020年までに、あらゆる種類の森林の持続可能な経営の実施を促進し、森林減少を阻止し、劣化した森林を回復し、世界全体で新規植林及び再植林を大幅に増加させる。

〘15.3〙 2030年までに、砂漠化に対処し、砂漠化、干ばつ及び洪水の影響を受けた土地などの劣化した土地と土壌を回復し、土地劣化に荷担しない世界の達成に尽力する。

〘15.4〙 2030年までに持続可能な開発に不可欠な便益をもたらす山地生態系の能力を強化するため、生物多様性を含む山地生態系の保全を確実に行う。

〘15.5〙 自然生息地の劣化を抑制し、生物多様性の損失を阻止し、2020年までに絶滅危惧種を保護し、また絶滅防止するための緊急かつ意味のある対策を講じる。

〘15.6〙 国際合意に基づき、遺伝資源の利用から生ずる利益の公正かつ衡平な配分を推進するとともに、遺伝資源への適切なアクセスを推進する。

〘15.7〙 保護の対象となっている動植物種の密猟及び違法取引を撲滅するための緊急対策を講じるとともに、違法な野生生物製品の需要と供給の両面に対処する。

〘15.8〙 2020年までに、外来種の侵入を防止するとともに、これらの種による陸域・海洋生態系への影響を大幅に減少させるための対策を導入し、さらに優先種の駆除または根絶を行う。

〘15.9〙 2020年までに、生態系と生物多様性の価値を、国や地方の計画策定、開発プロセス及び貧困削減のため

の戦略及び会計に組み込む。

〖15.a〗 生物多様性と生態系の保全と持続的な利用のために、あらゆる資金源からの資金の動員及び大幅な増額を行う。

〖15.b〗 保全や再植林を含む持続可能な森林経営を推進するため、あらゆるレベルのあらゆる供給源から、持続可能な森林経営のための資金の調達と開発途上国への十分なインセンティブ付与のための相当量の資源を動員する。

〖15.c〗 持続的な生計機会を追求するために地域コミュニティの能力向上を図る等、保護種の密猟及び違法な取引に対処するための努力に対する世界的な支援を強化する。

16 平和と公正をすべての人に

この目標は人権の尊重、法の支配、あらゆるレベルでのグッド・ガバナンス（良い統治）、および、透明かつ効果的で責任ある制度に基づく平和で包括的な社会を目指すものです。

ターゲット

〖16.1〗 あらゆる場所において、すべての形態の暴力及び暴力に関連する死亡率を大幅に減少させる。

〖16.2〗 子どもに対する虐待、搾取、取引及びあらゆる形態の暴力及び拷問を撲滅する。

〖16.3〗 国家及び国際的なレベルでの法の支配を促進し、すべての人々に司法への平等なアクセスを提供する。

〖16.4〗 2030年までに、違法な資金及び武器の取引を大幅に減少させ、奪われた財産の回復及び返還を強化し、あらゆる形態の組織犯罪を根絶する。

〖16.5〗 あらゆる形態の汚職や贈賄を大幅に減少させる。

〖16.6〗 あらゆるレベルにおいて、有効で説明責任のある透明性の高い公共機関を発展させる。

〖16.7〗 あらゆるレベルにおいて、対応的、包摂的、参加型及び代表的な意思決定を確保する。

〖16.8〗 グローバル・ガバナンス機関への開発途上国の参加を拡大・強化する。

〖16.9〗 2030年までに、すべての人々に出生登録を含む法的な身分証明を提供する。

〖16.10〗 国内法規及び国際協定に従い、情報への公共アクセスを確保し、基本的自由を保障する。

〖16.a〗 特に開発途上国において、暴力の防止とテロリズム・犯罪の撲滅に関するあらゆるレベルでの能力構築のため、国際協力などを通じて関連国家機関を強化する。

〖16.b〗 持続可能な開発のための非差別的な法規及び政策を推進し、実施する。

17 パートナーシップで目標を達成しよう

持続可能な開発アジェンダを成功へと導くためには、政府、民間セクター、市民社会の間のパートナーシップが必要です。人間と地球を中心に据えた原則や価値観、共有されているビジョンと目標に根ざすこのような包摂的パートナーシップは、グローバル、地域、国内、地方の各レベルで必要とされています。

ターゲット

〔資金〕

〖17.1〗 課税及び徴税能力の向上のため、開発途上国への国際的な支援なども通じて、国内資源の動員を強化する。

〖17.2〗 先進国は、開発途上国に対するODAをGNI比0.7％に、後発開発途上国に対するODAをGNI比0.15〜0.20％にするという目標を達成するとの多くの国によるコミットメントを含むODAに係るコミットメントを完全に実施する。ODA供与国が、少なくともGNI比0.20％のODAを後発開発途上国に供与するという目標の設定を検討することを奨励する。

〖17.3〗 複数の財源から、開発途上国のための追加的資金源を動員する。

〔17.4〕必要に応じた負債による資金調達、債務救済及び債務再編の促進を目的とした協調的な政策により、開発途上国の長期的な債務の持続可能性の実現を支援し、重債務貧困国（HIPC）の対外債務への対応により債務リスクを軽減する。

〔17.5〕後発開発途上国のための投資促進枠組みを導入及び実施する。

〔技術〕

〔17.6〕科学技術イノベーション（STI）及びこれらへのアクセスに関する南北協力、南南協力及び地域的・国際的な三角協力を向上させる。また、国連レベルをはじめとする既存のメカニズム間の調整改善や、全世界的な技術促進メカニズムなどを通じて、相互に合意した条件において知識共有を進める。

〔17.7〕開発途上国に対し、譲許的・特恵的条件などの相互に合意した有利な条件の下で、環境に配慮した技術の開発、移転、普及及び拡散を促進する。

〔17.8〕2017年までに、後発開発途上国のための技術バンク及び科学技術イノベーション能力構築メカニズムを完全運用させ、情報通信技術（ICT）をはじめとする実現技術の利用を強化する。

〔能力構築〕

〔17.9〕すべての持続可能な開発目標を実施するための国家計画を支援すべく、南北協力、南南協力及び三角協力などを通じて、開発途上国における効果的かつ的をしぼった能力構築の実施に対する国際的な支援を強化する。

〔貿易〕

〔17.10〕ドーハ・ラウンド（DDA）交渉の結果を含めたWTOの下での普遍的でルールに基づいた、差別的でない、公平な多角的貿易体制を促進する。

〔17.11〕開発途上国による輸出を大幅に増加させ、特に2020年までに世界の輸出に占める後発開発途上国のシェアを倍増させる。

〔17.12〕後発開発途上国からの輸入に対する特恵的な原産地規則が透明で簡略的かつ市場アクセスの円滑化に寄与するものとなるようにすることを含む世界貿易機関（WTO）の決定に矛盾しない形で、すべての後発開発途上国に対し、永続的な無税・無枠の市場アクセスを適時実施する。

〔体制面〕

●政策・制度的整合性

〔17.13〕政策協調や政策の首尾一貫性などを通じて、世界的なマクロ経済の安定を促進する。

〔17.14〕持続可能な開発のための政策の一貫性を強化する。

〔17.15〕貧困撲滅と持続可能な開発のための政策の確立・実施にあたっては、各国の政策空間及びリーダーシップを尊重する。

●マルチステークホルダー・パートナーシップ

〔17.16〕すべての国々、特に開発途上国での持続可能な開発目標の達成を支援すべく、知識、専門的知見、技術及び資金源を動員、共有するマルチステークホルダー・パートナーシップによって補完しつつ、持続可能な開発のためのグローバル・パートナーシップを強化する。

〔17.17〕さまざまなパートナーシップの経験や資源戦略を基にした、効果的な公的、官民、市民社会のパートナーシップを奨励・推進する。

●データ、モニタリング、説明責任

〔17.18〕2020年までに、後発開発途上国及び小島嶼開発途上国を含む開発途上国に対する能力構築支援を強化し、所得、性別、年齢、人種、民族、居住資格、障害、地理的位置及びその他各国事情に関連する特性別の質が高く、タイムリーかつ信頼性のある非集計型データの入手可能性を向上させる。

〔17.19〕2030年までに、持続可能な開発の進捗状況を測るGDP以外の尺度を開発する既存の取組を更に前進させ、開発途上国における統計に関する能力構築を支援する。

●参考文献

『天、共に在り アフガニスタン三十年の闘い』（中村哲・著、NHK出版）

『アフガニスタンの診療所から』（中村哲・著、筑摩書房）

『医者よ、信念はいらないまず命を救え!』（中村哲・著、羊土社）

『BOPビジネス入門 パートナーシップで世界の貧困に挑む』
　　　　　　　　（菅原秀幸／大野泉／槌屋詩野・著、中央経済社）

『SDGs入門』（村上芽／渡辺珠子・著、日本経済新聞出版社）

"We're Different, We're the Same"
（Bobbi Kates・著、Joe Mathieu・イラスト、Random House Books for Young Readers）

●監修者プロフィール

井筒節（いづつ・たかし）

東京大学総合文化研究科・教養学部特任准教授

東京大学大学院医学系研究科精神保健学分野保健学博士。国連人口基金専門分析官、国連本部精神保健・障害チーフ、世界銀行上級知識管理官、国連世界防災会議障害を包摂した防災フォーラム議長、国連障害と開発報告書精神障害タスクチーム共同議長等を経て現職。劇団四季・ディズニー作品等の翻訳・解説も担当。

堤敦朗（つつみ・あつろう）

金沢大学人間社会研究域法学系教授

東京大学大学院医学系研究科国際地域保健学分野保健学博士・医学博士。国際基督教大学卒。世界保健機関にて、インド洋大津波対応の他、災害精神保健ガイドライン作成等を担当。その後、国際協力機構初の精神保健・心理社会的支援長期専門家として、四川大地震後の心のケアプロジェクトを中国で統括。国連大学では、非感染症・精神保健・障害者の権利等に関し、SDGsや仙台防災枠組等策定に従事。国連カントリー・チーム（マレーシア）障害タスク・チーム議長他を歴任。

●スタッフ

企画／原佐知子

編集・構成／株式会社バーネット（高橋修）
編集・執筆協力／奈落一騎
編集協力／立花美帆
デザイン／滝基美
イラスト／種田瑞子
写真／金子良一（pp.32-39）
校正協力／株式会社鷗来堂
DTP・図版／吉永昌生

著者　原佐知子（はら・さちこ）

ライター・編集者。障害福祉や教育関係の書籍や雑誌等の編集や取材・ライティングに携わる。また執筆だけでなく、親子のコミュニケーションや大人の発達障害についてセミナーやワークショップ講師としても活動中。手がけた書籍に『他の子と違うのはなんでだろう？ 発達障害のおはなし』シリーズ（全3巻、平凡社）、『ADHD・LD・アスペルガー症候群かな？と思ったら…』（安原昭博著、明石書店）、『ADHD・アスペ系ママ へんちゃんのポジティブライフ』（笹森理絵著、明石書店）、『自閉症スペクトラムの子を育てる家族への理解 母親・父親・きょうだい の声からわかること』（梅永雄二監修、金子書房）などがある。

装幀　滝基美

10代からのSDGs　いま、わたしたちにできること

2021年4月22日　第1刷発行　　　　定価はカバーに
　　　　　　　　　　　　　　　　　　表示してあります

著　者　　原　佐　知　子

監修者　　井筒節、堤敦朗

発行者　　中　川　　進

〒113-0033　東京都文京区本郷2-27-16

発行所　株式会社　大 月 書 店　　印刷 太平印刷社
　　　　　　　　　　　　　　　　　製本 中永製本

電話（代表）03-3813-4651　FAX 03-3813-4656　振替00130-7-16387
http://www.otsukishoten.co.jp/

ISBN978-4-272-33100-0　C0036　Printed in Japan